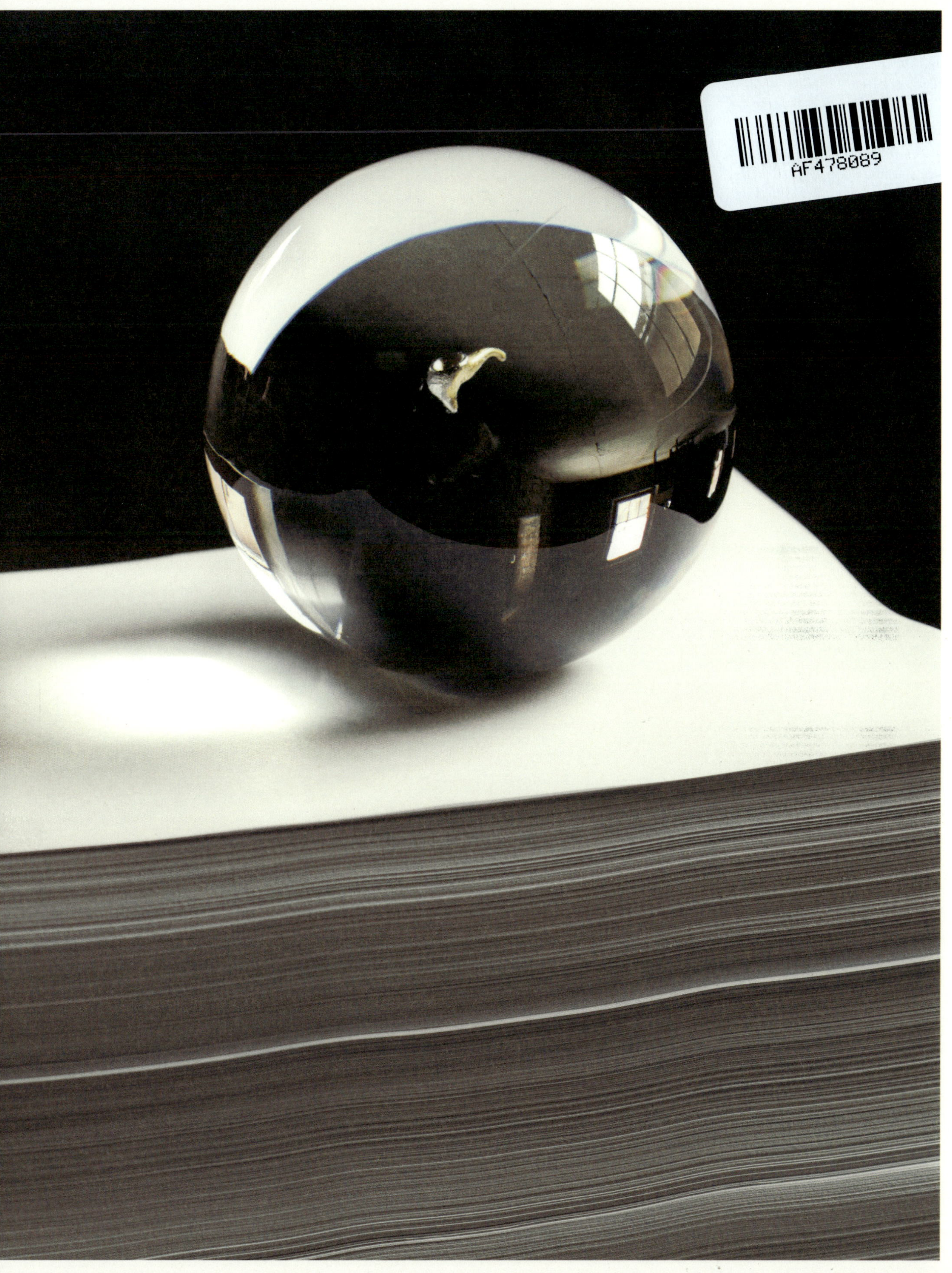

Page précédente : détail de l'installation de la série *Silence is Golden* : l'enclume.
Preceding page: Installation detail from the series *Silence is Golden* (shown here, the "anvil").

Cahier de résidence

Oliver Beer

aux cristalleries Saint-Louis

sous le parrainage de Susanna Fritscher

ACTES SUD | FONDATION D'ENTREPRISE HERMÈS

Du bruit des fours
au "silence sonore" du cristal

Clément Dirié

1. Les citations non référencées de ce texte sont issues de conversations avec l'auteur et d'écrits non publiés de l'artiste.

2. Avec Félix Pinquier à la Maroquinerie de Belley, Oh You Kyeong chez Puiforcat, Andrés Ramirez aux Ateliers AS, Oliver Beer participe en 2012 à la troisième édition du programme des Résidences d'artistes de la Fondation d'entreprise Hermès, initié en 2010 pour permettre l'accès de jeunes plasticiens à des matériaux rares et des savoir-faire de haute manufacture. En quatre ans, le programme a accueilli seize artistes. Une exposition retraçant ces résidences a lieu en 2013 au palais de Tokyo, Paris.

3. Lors des deux premières sessions du programme, les cristalleries Saint-Louis ont accueilli Olivier Sévère et Atsunobu Kohira. Voir les catalogues publiés à cette occasion, Actes Sud, Arles, 2012.

4. Les cristalleries Saint-Louis intègrent le groupe Hermès en 1993.

Oliver Beer apprécie les lieux chargés de mémoire et d'émotions. Voire, il les recherche afin d'y mener sa réflexion, engagée au milieu des années 2000, sur la manière dont l'œuvre d'art, qu'elle soit performative ou "figée", peut témoigner d'un contexte particulier, s'en faire le réceptacle et finalement devenir un embrayeur à narrations. Son œuvre murale *Oma's Kitchen Floor* (2008) constitue un parfait exemple de cette démarche : elle consiste en l'exposition du sol de la cuisine de sa grand-mère. Il s'explique : "Oma installa ce linoléum dans les années 1960. Elle marcha tant dessus qu'elle en fit presque disparaître, par endroits, les motifs décoratifs. Avec les années, les espaces devant le four, l'évier, le frigidaire, la porte et sous la table à manger furent marqués par ses traces de pas, les mouvements de ses pieds. Je vois ce sol comme un dessin réalisé sur plus de quarante ans, le reflet d'une vie de mouvements[1]." En déplaçant ainsi un élément domestique, issu de la sphère privée, sur le mur du musée, l'artiste charge un lieu apparemment neutre d'une histoire singulière et d'une profondeur temporelle et empathique ; l'œuvre devient alors une proposition formelle et une invitation à l'imaginaire.

Naturellement, sa participation au programme des Résidences d'artistes de la Fondation d'entreprise Hermès lui a donné l'occasion de poursuivre cette recherche[2]. En "habitant" pendant plusieurs mois les cristalleries, Oliver Beer a pu appréhender un lieu inconnu et déployer son attention aux formes et aux récits qu'il a générés et génère toujours[3].
L'une des plus anciennes cristalleries d'Europe, devenue cristallerie Saint-Louis en 1781 avec la découverte du secret de fabrication du cristal[4], Saint-Louis s'avère être un espace "hors du temps", à l'histoire et à l'architecture spécifiques, qui ne pouvait manquer de passionner un artiste sensible au génie des lieux. C'est donc l'activité exclusive de la manufacture, sa mémoire pluriséculaire et son fonctionnement en monde clos – "un vrai microcosme

social et politique” – qui ont retenu son attention. Cet intérêt a alors alimenté une réflexion sur la relation entre l'ici et l'ailleurs, l'intérieur et l'extérieur, le contenant et le contenu, dont témoignent les œuvres réalisées : l'ensemble de presse-papiers en cristal *Silence is Golden*, la “sculpture de fenêtre” *Outside-In* et un film, également intitulé *Silence is Golden*. Objets sculpturaux pour les deux premières réalisations, elles se distinguent de sa production habituelle, plutôt articulée autour de la création de films, de performances et de photographies. Si cette résidence lui a permis d'enrichir son expérience quant aux lieux singuliers qu'il aime à investir, la découverte d'une matière d'ordinaire peu accessible et d'un savoir-faire d'excellence a également constitué le cœur de son expérience à Saint-Louis ; Oliver Beer y a donné forme à des objets désirables et précieux, porteurs d'une certaine ambiguïté, inédits dans sa pratique.

Parrainé par Susanna Fritscher, Oliver Beer a découvert les cristalleries Saint-Louis lors d'un séjour d'immersion en octobre 2012. Il s'est alors familiarisé avec le travail du cristal, les différents ateliers et savoir-faire nécessaires à sa production. Il a également longuement consulté les archives, s'intéressant à la mémoire sociale et historique des cristalleries – une mémoire officielle, de papier, qu'il a enrichie de nombreuses conversations avec les artisans et les habitants de Saint-Louis, certaines familles vivant et travaillant là depuis des générations. Fidèle à sa démarche, Oliver Beer s'est intéressé autant à l'activité du lieu qu'à ses résidents permanents et, bien sûr, à ses qualités acoustiques. En effet, la matière sonore – que le cristal met particulièrement en valeur – constitue l'un de ses centres d'intérêt privilégiés. “J'utilise souvent la relation entre le son, la musique et l'architecture comme une structure sur laquelle créer des films, des installations et des performances”, indique-t-il, rappelant sa formation en composition musicale. Ainsi, l'un de ses principaux projets, initié en 2007 et constitué de performances acoustiques et de films, intitulé *The Resonance Project* (“Le Projet Résonance”), est-il caractéristique de son œuvre, en grande partie tournée vers la musique et l'expression du son. Dans la lignée d'Alvin Lucier – un compositeur américain dont les créations mettent en scène des phénomènes naturels liés à des principes de physique acoustique ou de psycho-acoustique[5] –, il y appréhende le phénomène sonore d'une manière très complète, prenant autant en compte l'émetteur d'un son et son récepteur que son contexte de diffusion et de réception. *The Resonance Project* recourt à la voix humaine – des

5. Jouant sur un principe de reprise et d'enregistrement successifs, *Ear Drum / Bodhran*, 2009, s'inspire également des principes conçus par Alvin Lucier.

6. Parmi les lieux du *Resonance Project* : le Centre Pompidou, Paris, 2008, l'abbaye de Farfa, Rome, 2008, des égouts *(Deep and Meaningful)*, Londres, 2009-2010, un parking *(Pay and Display)*, Birmingham, 2010-2011, le palais de Tokyo, Paris, 2012, le centre d'art contemporain du Wiels, Bruxelles, 2013.

7. In "Oliver Beer, échologiste", *Arts magazine*, avril 2012, p. 26.

chœurs et des ensembles de solistes – pour stimuler des espaces architecturaux afin que ceux-ci, par un système d'échos, résonnent de leur fréquence naturelle[6]. Le critique d'art François Quintin précise : "Le vide qui sépare les murs recèle des charges que l'imaginaire investit par l'émotion, le souvenir, la foi et dont Oliver Beer s'attache à révéler la présence, les énergies et les tensions[7]."
Bien qu'il n'ait pas poursuivi son *Resonance Project* à Saint-Louis, sa démarche n'y fut pas différente : mettre au jour la singularité d'un espace, ce qui s'y joue et s'y exprime, à l'écoute d'éléments tangibles et immatériels. Par ailleurs, l'artiste y a naturellement relevé la résonance du cristal, ses propriétés acoustiques et le contraste saisissant entre l'incessant bourdonnement des fours et la concentration muette des artisans. Le titre de deux de ses œuvres, *Silence is Golden*, s'inspire en partie de cette observation. Du son des fours naît le cristal. Du cristal vient ensuite le silence. Ce sont, par ailleurs, les deux premières "œuvres sonores silencieuses" créées par l'artiste.

Après cette période d'études et d'imprégnation, Oliver Beer est ensuite entré en phase de production, de novembre 2012 à février 2013. *Outside-In*, la première œuvre, "sculpture de fenêtre" insolite, résume ses recherches. Réalisée sur mesure et *in situ*, *Outside-In* est une membrane de cristal clair permettant de lier, étrangement, l'intérieur et l'extérieur, deux espaces habituellement étanches. En posant son oreille sur ce cornet acoustique filtrant les sons venus de l'extérieur, le spectateur se retrouve à entendre le monde comme il écouterait les bruits du passé dans un coquillage. En l'observant de l'extérieur, cette forme, unique en son genre, devient un objet de fascination qui nous happe dans l'au-delà de notre vision. Découpant la lumière et le paysage, elle est également un vecteur de flou, d'autant plus surprenant qu'elle mime un élément banal de notre quotidien. Associant la physicalité de déplacements d'air et de sons, *Outside-In* s'avère être un instrument de vision et d'écoute, un "télescope" ouvrant sur le réel et l'imaginaire[8].

8. Comme pour l'ensemble des œuvres créées par Oliver Beer à Saint-Louis, *Outside-In* peut également s'envisager comme une mise en scène d'une relation de pouvoir et de contrôle, ici entre l'écouteur et l'écouté.

Silence is Golden, la seconde production de l'artiste, est un ensemble de plusieurs presse-papiers en cristal au sein desquels, pour trois d'entre eux, il a déposé une miniature en or – seule matière pouvant être insérée dans ces globes de cristal. Installées sur des piles de papiers – symbolisant l'histoire de la manufacture ou les pages blanches à écrire des heureux et futurs propriétaires de ces objets si désirables –, ces précieuses sculptures semblent flotter dans l'espace, ce qu'accentuent leurs innombrables jeux de reflets. Un dernier presse-papiers, exempt de cœur, est quant à lui posé sur la première page d'une correspondance issue des archives des cristalleries[9]. "Elle est fascinante. Il s'agit vraisemblablement d'une lettre adressée par les trois mille ouvriers de Saint-Louis à l'empereur allemand pour défendre l'intégrité morale de leur directeur, un certain comte de Didierjean, accusé de relations coupables avec une domestique. Le scandale ayant explosé dans la presse et dans toute la région, cette lettre demande la protection de l'empereur, mêlant à la défense morale du maître des observations politiques[10]." Quant aux trois autres presse-papiers, chacun d'entre eux renferme une réplique à taille réelle des osselets de l'oreille interne : le marteau, l'étrier et l'enclume – aux noms plus qu'évocateurs. Ainsi plongés dans leur écrin de cristal et physiquement séparés, ils deviennent des talismans symbolisant davantage le silence – celui qui est nécessaire à leur production – que le son, ce que leur réunion permet habituellement[11]. Ils sont également des objets hautement désirables dont l'aspect séduisant invite au toucher, à la manipulation et à la possession – une dimension utilitaire et somptuaire, convoquant également les notions de pouvoir et de statut social, que l'artiste a souhaité mettre en valeur.

Enfin, sa résidence à Saint-Louis fut l'occasion pour Oliver Beer de réaliser un nouveau film, un tournage étant une manière privilégiée de s'approprier un contexte. Conçu, une nouvelle fois, sur un principe de mise en relation de l'intérieur avec l'extérieur, le film s'articule également autour d'une tension entre froid et chaud, associant des plans des abords enneigés des cristalleries à des images du travail du cristal, au plus près des gestes des souffleurs et du feu, révélant le bourdonnement du four, la concentration et la communication tacite des artisans, donnant à voir le silence ou la puissance d'une goutte tombant sur le cristal en fusion.

Véritables traits d'union entre l'ici des cristalleries Saint-Louis et des ailleurs fantomatiques ou réels, réceptacles du regard de l'artiste sur les nombreux paramètres qui trament la singularité des lieux, les œuvres d'Oliver Beer sont également en attente d'une nouvelle vie[12] ; celle-ci leur permettra de tisser un réseau de résonances et de réactivations qui, à partir d'un tremplin excentré et d'une expérience singulière, rebondira dans le monde, à la manière dont les productions de Saint-Louis incarnent ce village de Moselle depuis désormais plusieurs siècles.

9. Cette description se réfère à l'exposition présentée par Oliver Beer à Saint-Louis, à l'issue de sa résidence. Il a alors investi un grenier abandonné du site, "un bel espace dépouillé et glacial en hiver".

10. La lettre commence ainsi : "Depuis plus d'un an, l'on cherche systématiquement à exciter les ouvriers tranquilles et pacifiques des Verreries et Cristalleries de Saint-Louis…"

11. Contrairement à l'œuvre en néon *Klang (Superimposition of the Harmonic Series of the Palais de Tokyo)*, 2012, qui, elle, matérialise le mouvement du son dans l'espace sous forme d'ondes.

12. Des versions *in situ* d'*Outside-In* sont prévues pour le musée Émile Hermès à Paris et l'Ikon Gallery de Birmingham ; les presse-papiers de *Silence is Golden* sont en train de trouver des bureaux prêts à les accueillir.

Silence is Golden – Outside-In

aux cristalleries Saint-Louis

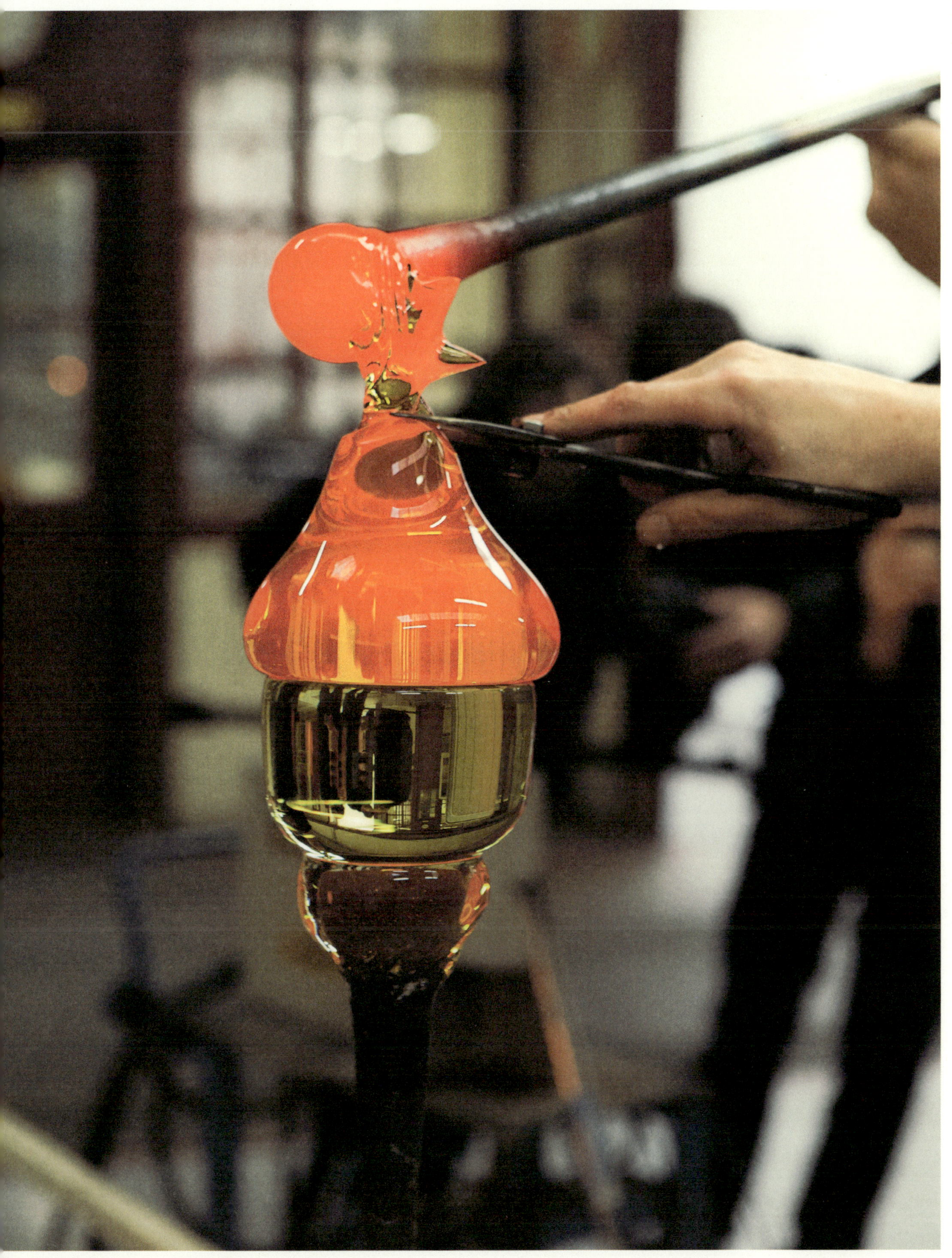

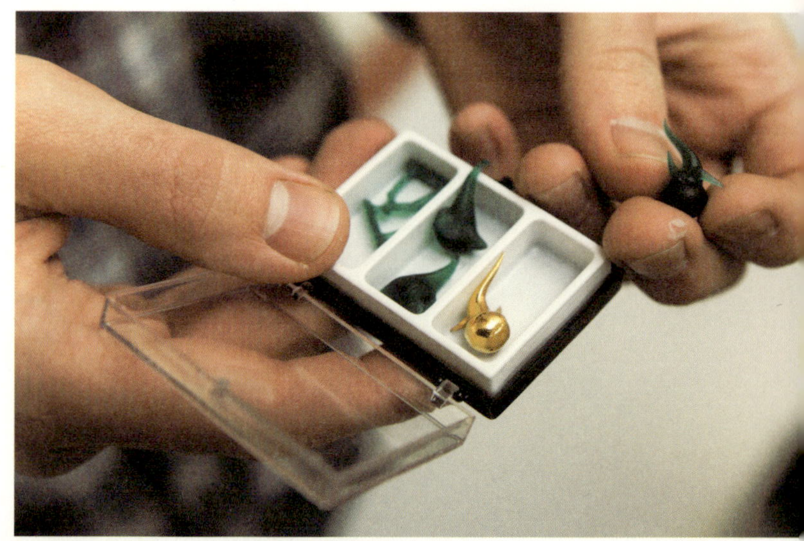

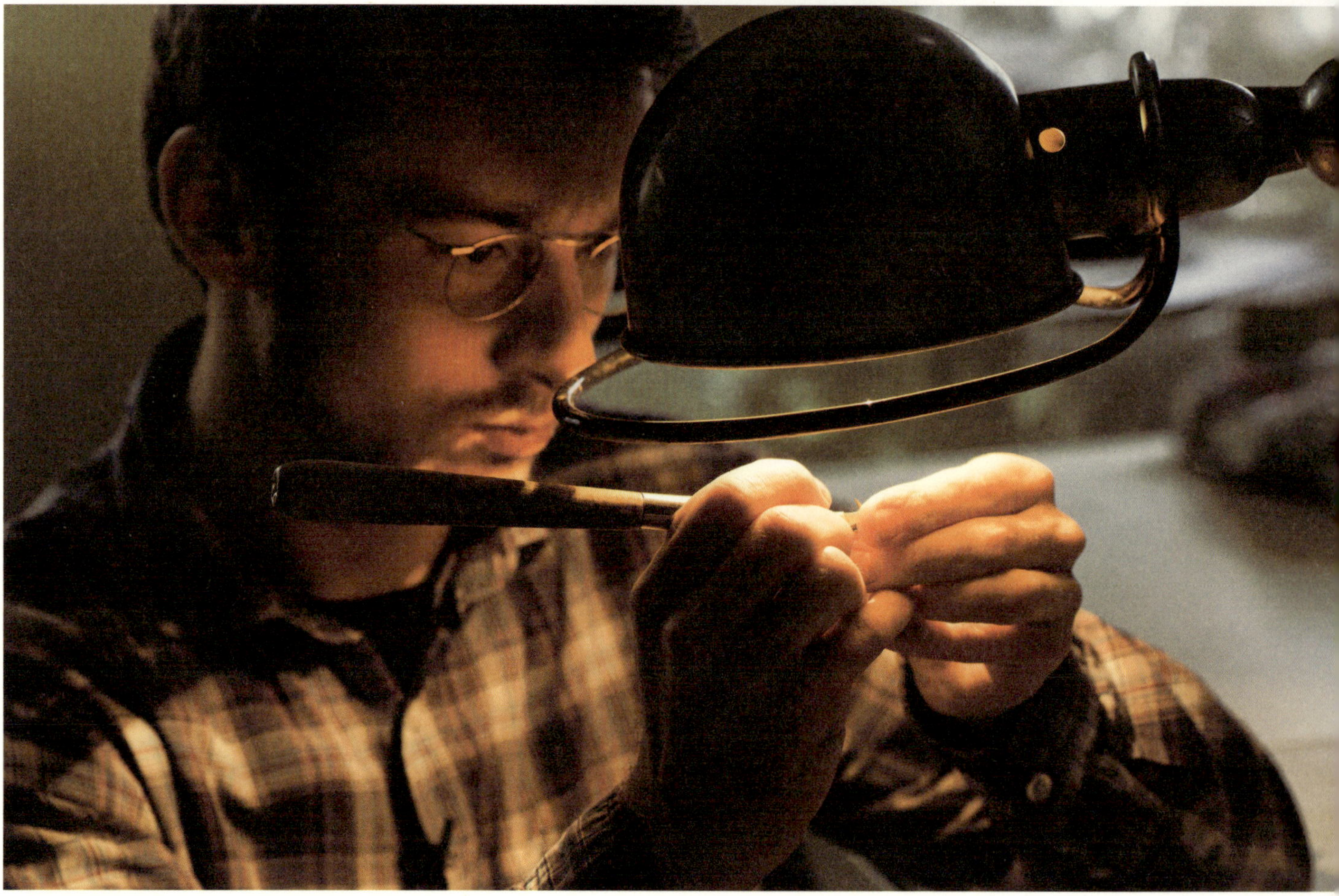

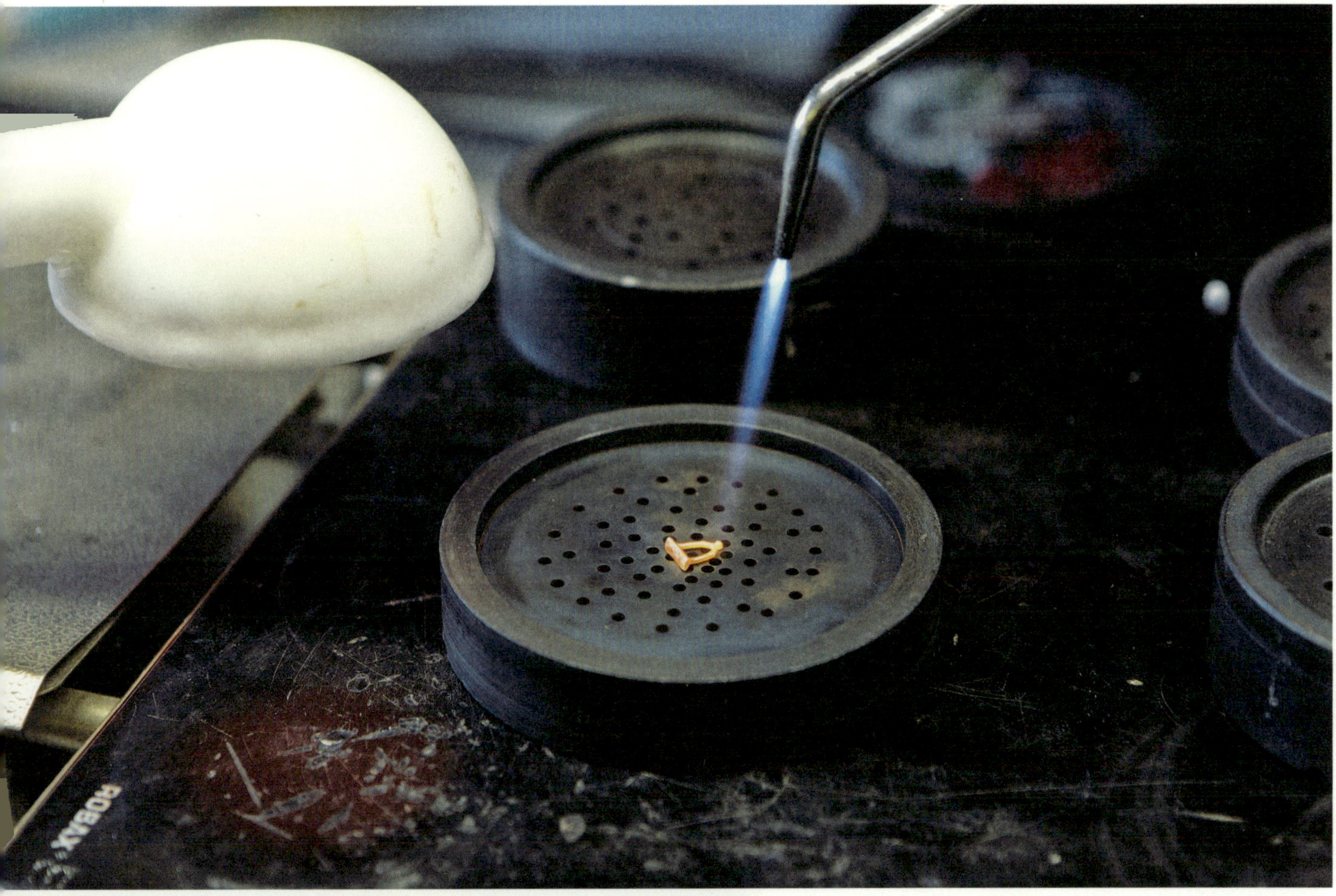

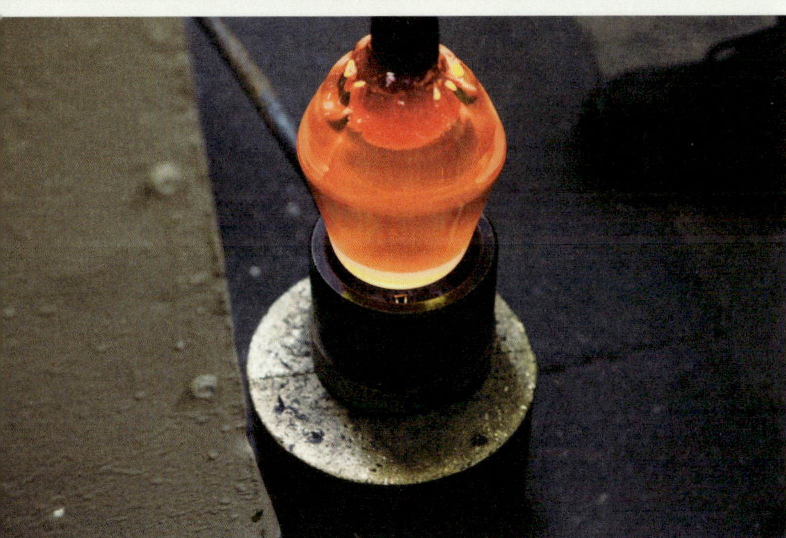

les minuscules osselets de l'oreille interne – le marteau, l'étrier et l'enclume – ont été fondus en or à vingt-quatre carats.
C'est l'une des seules matières qui puissent être insérées dans le cristal.
the tiny ossicles of the ear: the "hammer", the "anvil" and the "stirrup" were cast in 24-carat gold – one of the only
materials which will fuse with crystal.

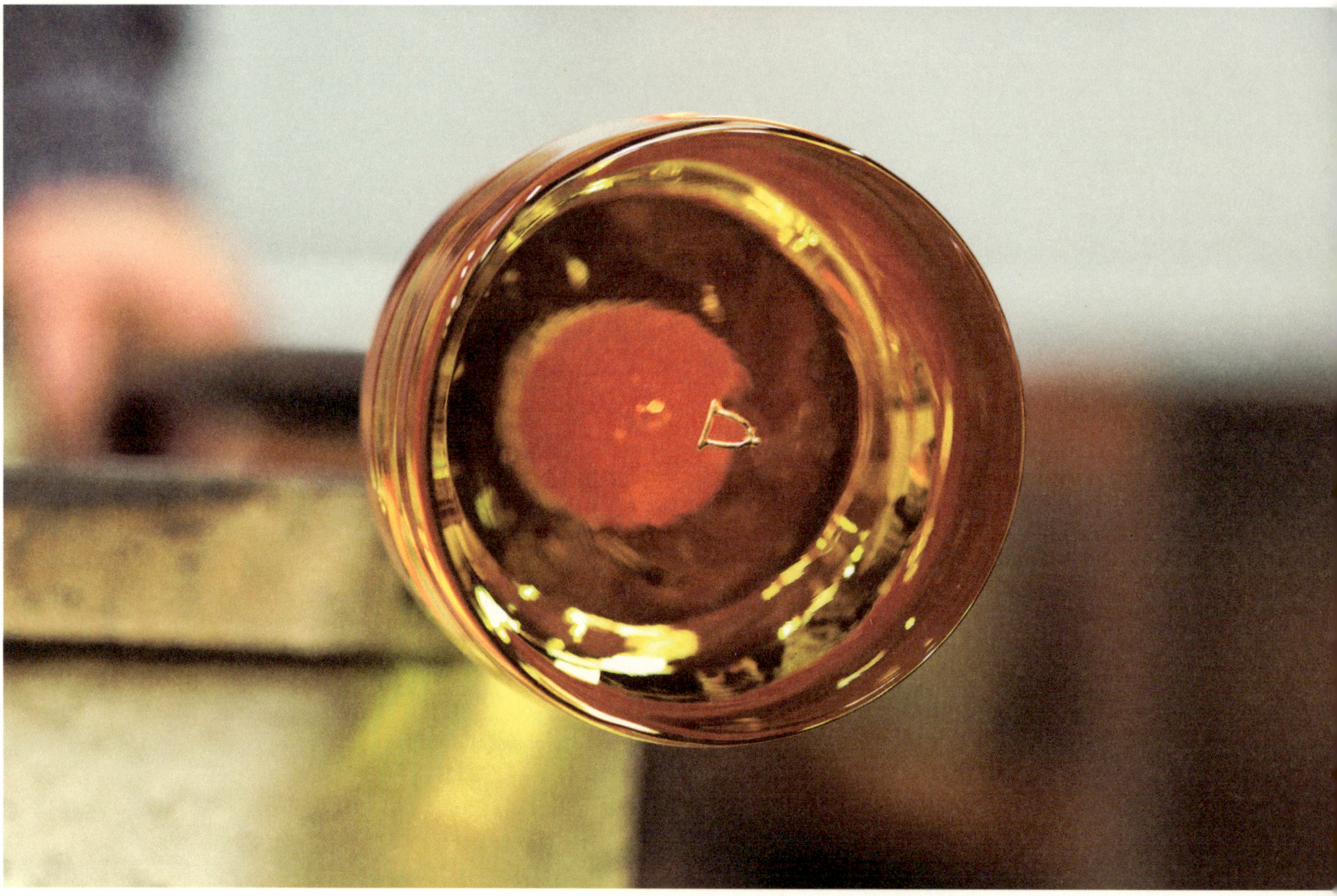

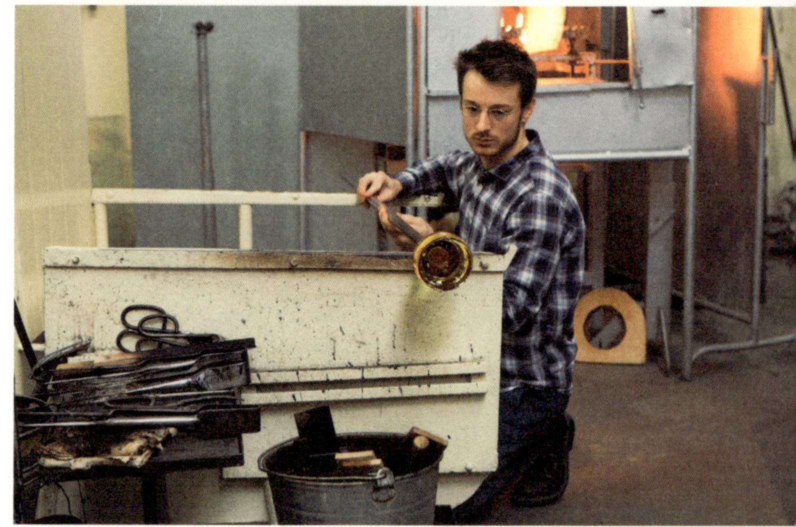

Les deux demi-sphères de verre ont été travaillées pour ne plus former qu'un globe unique, au centre duquel se trouve l'ossele
The two hemispheres of glass were worked into a single rounded form with the ossicle at its centre

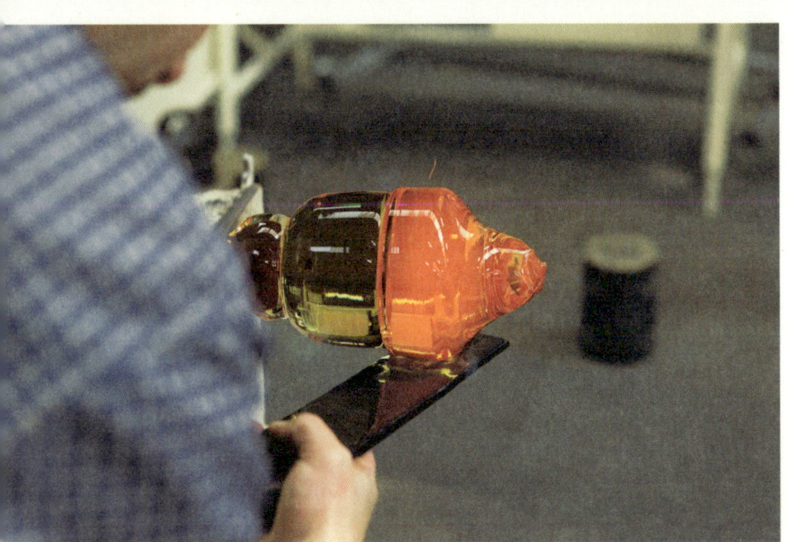

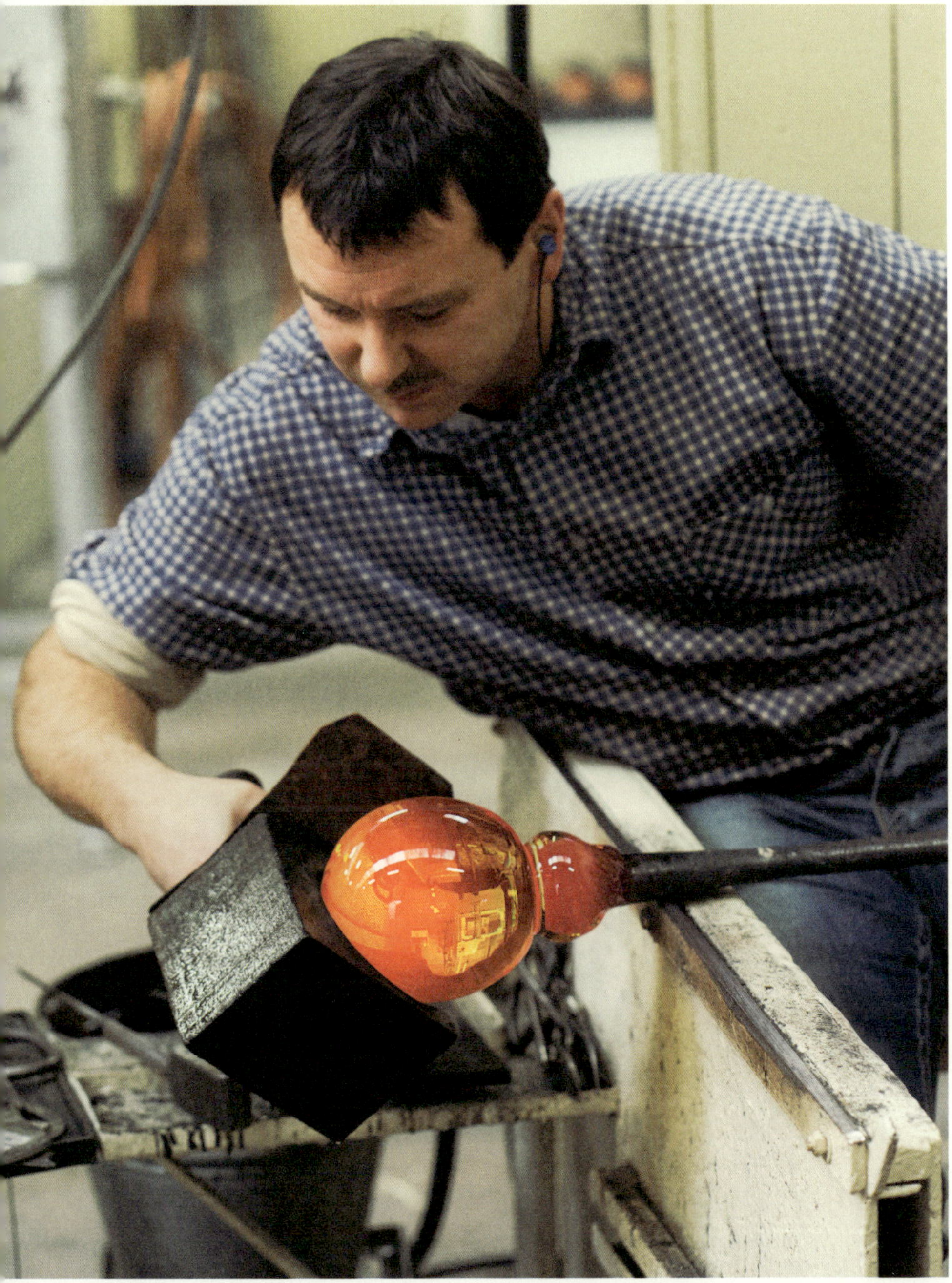

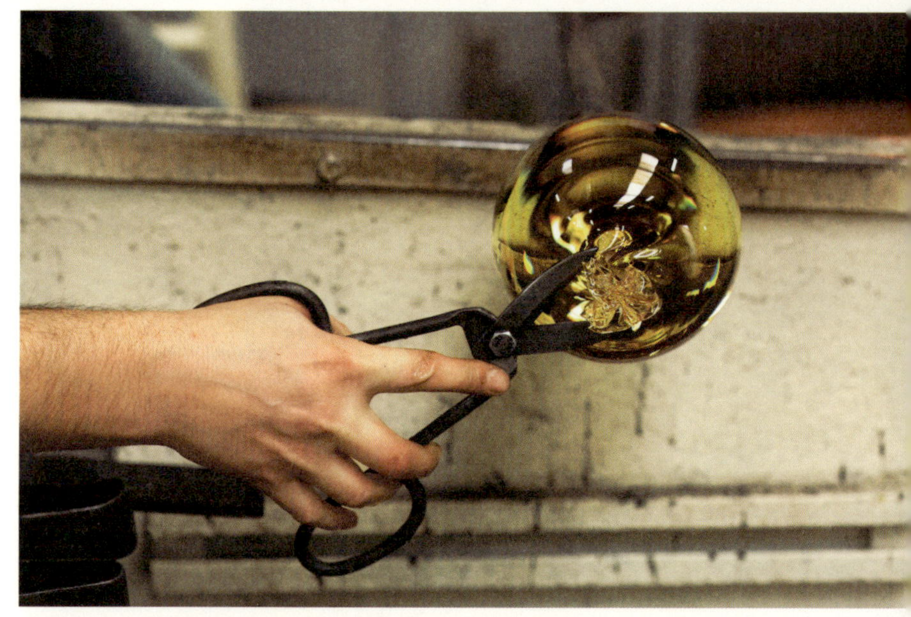

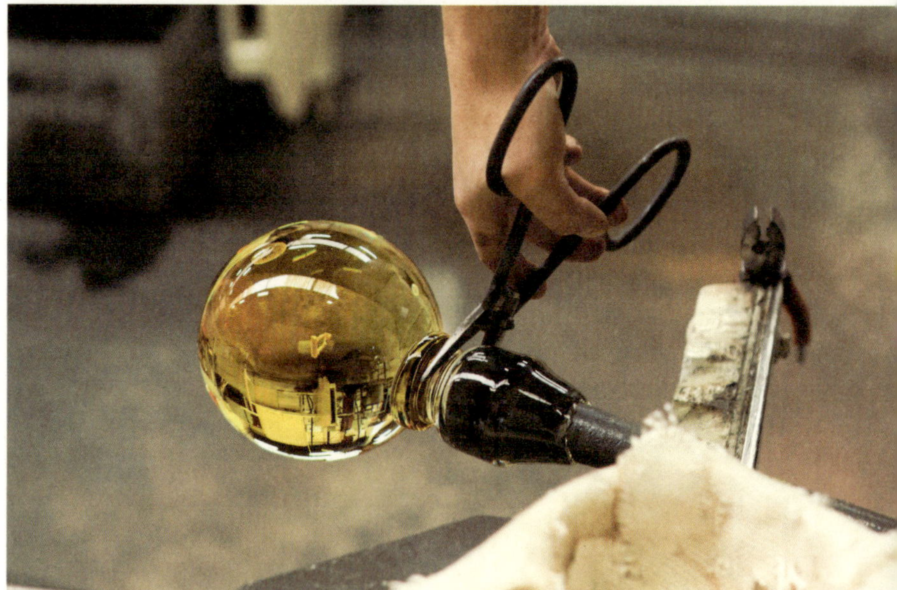

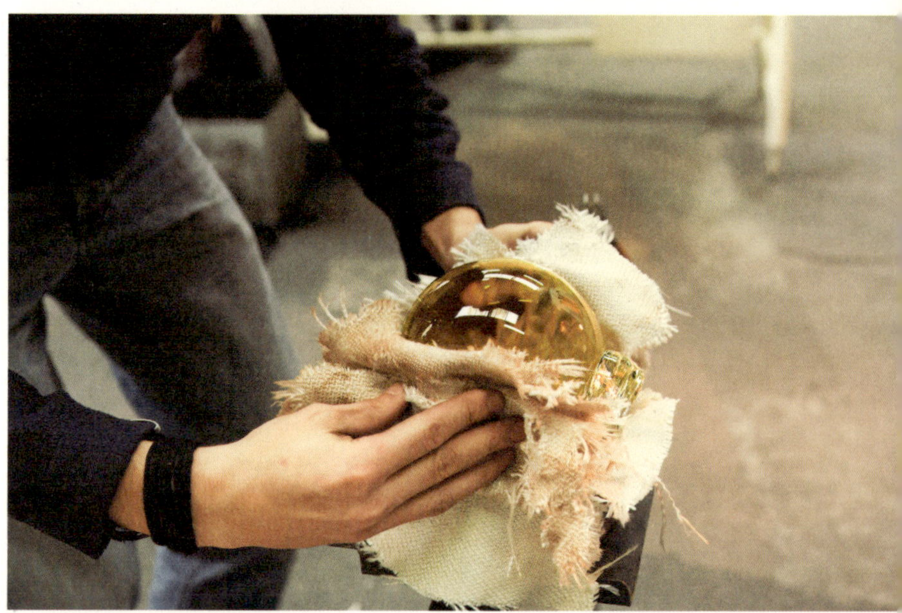

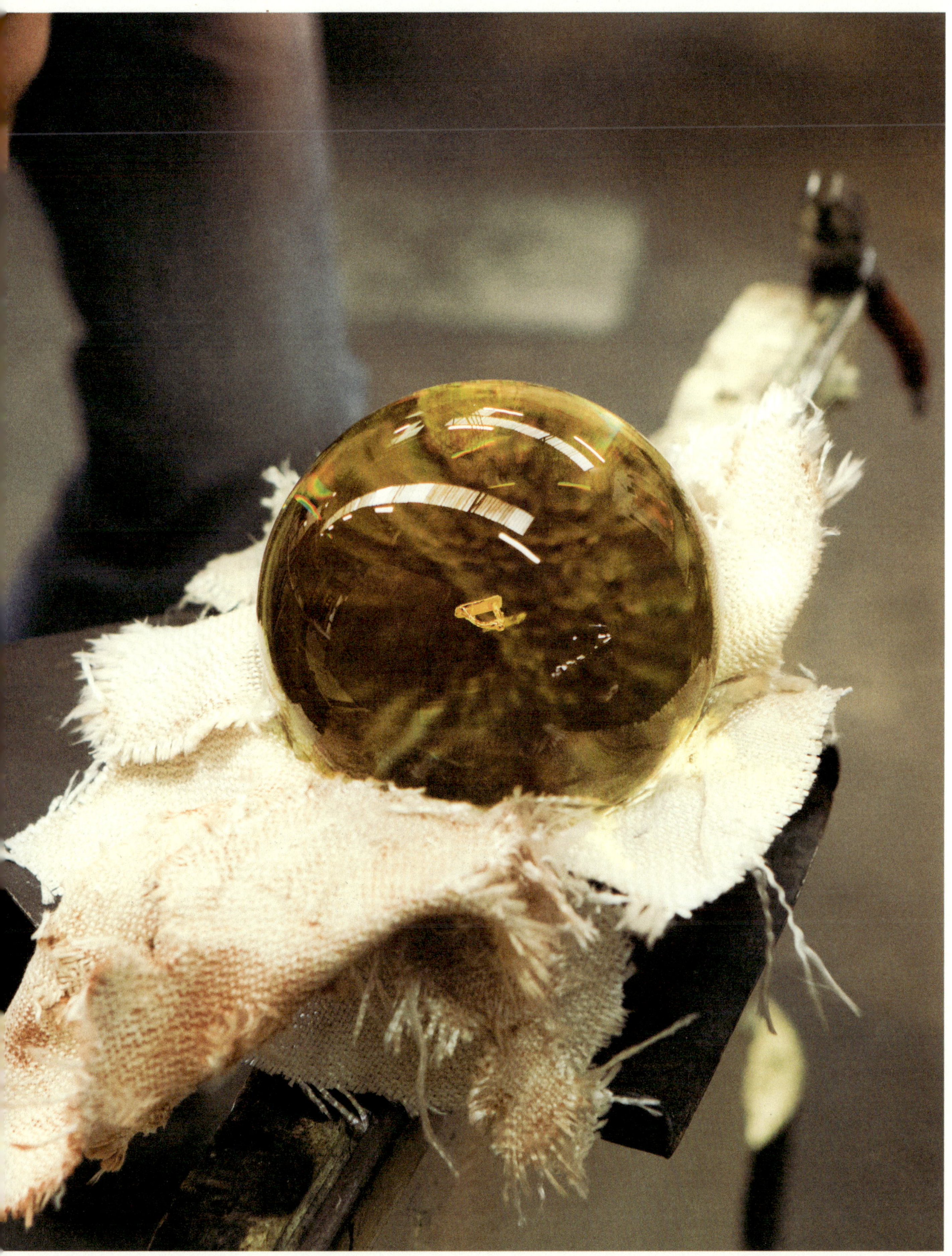

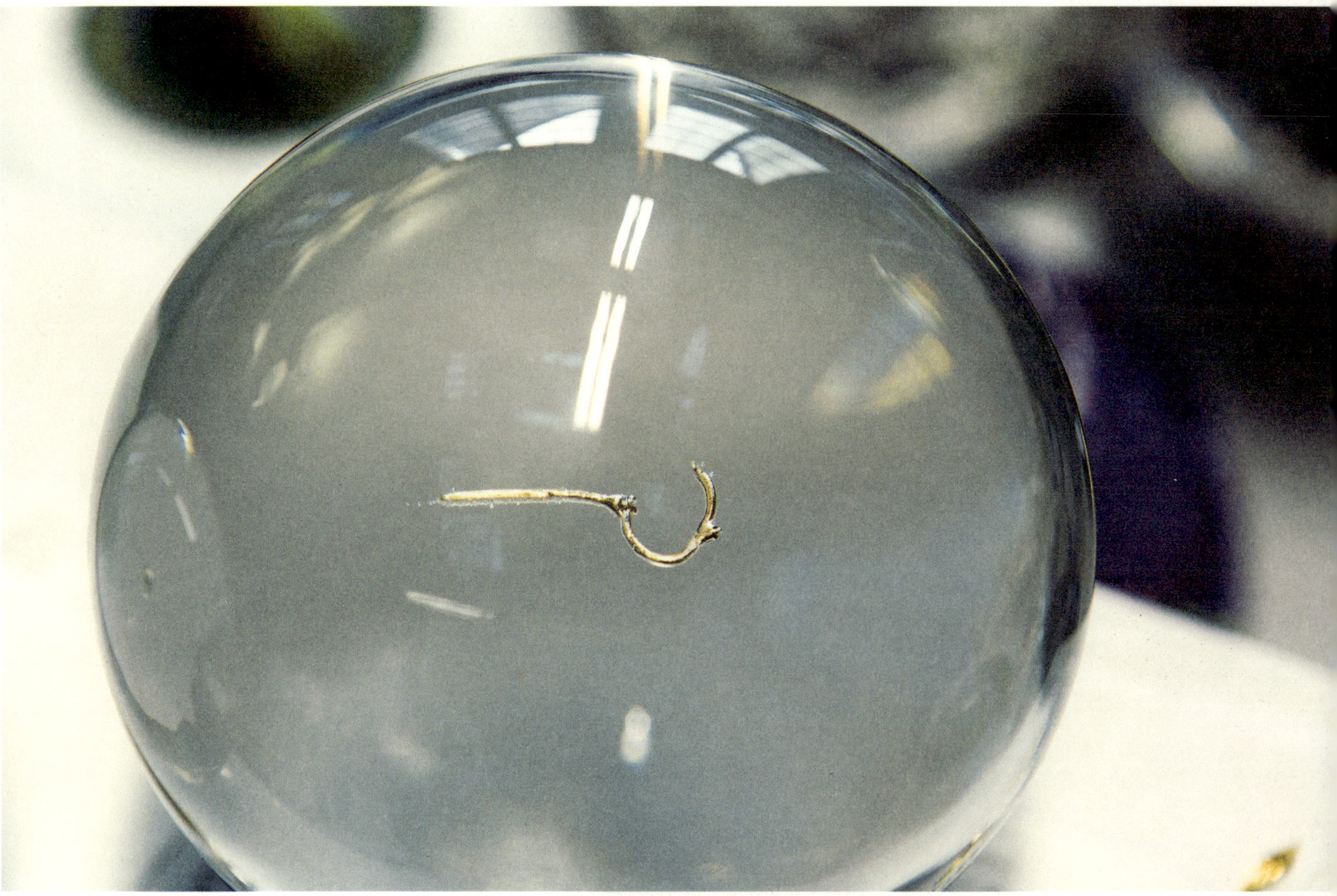

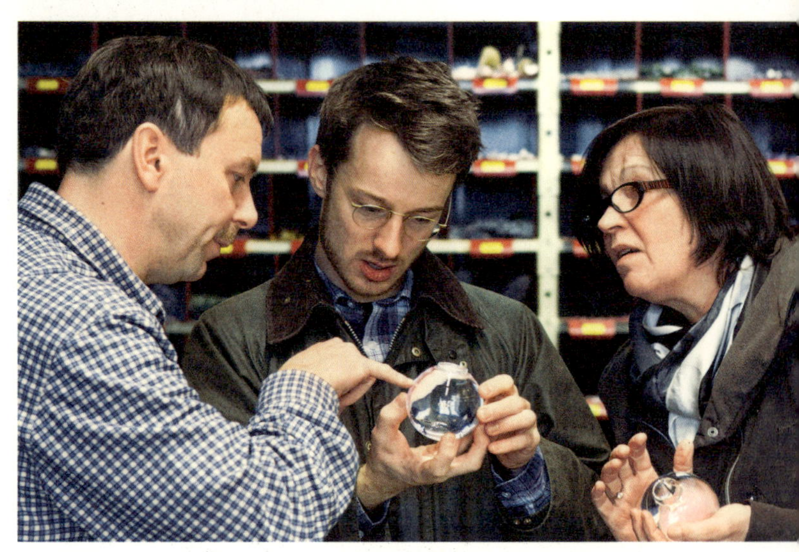

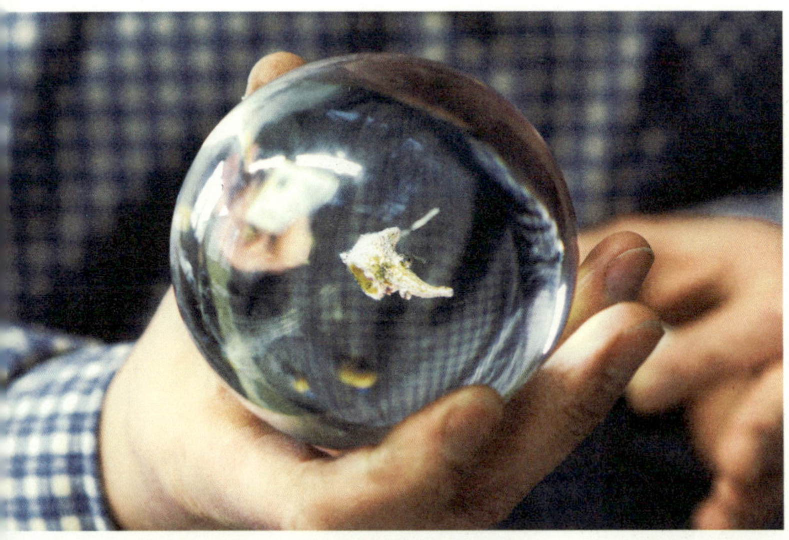

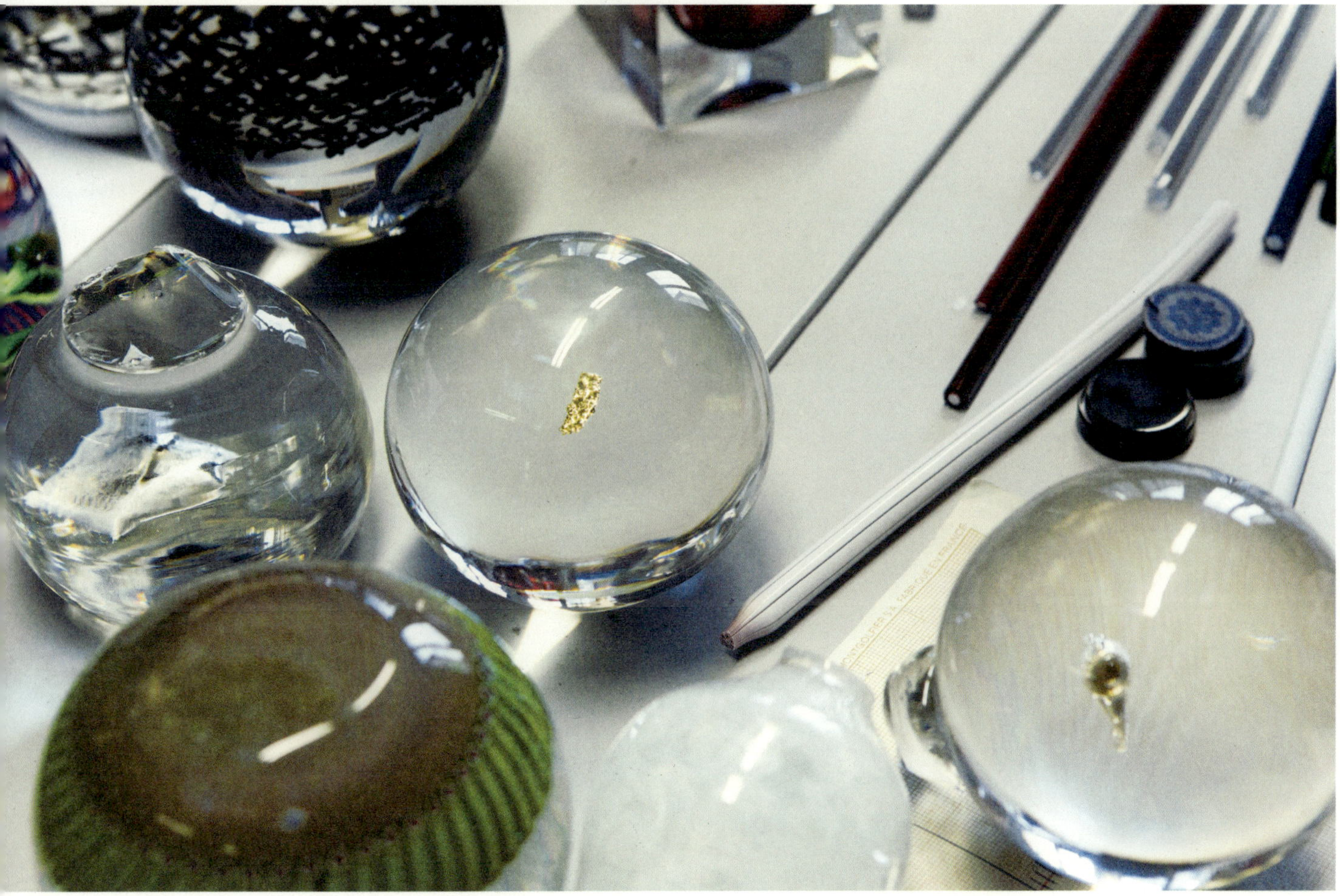

Quelques-uns des nombreux prototypes créés pour parfaire l'effet final de l'or immergé dans le cristal.
Some of the many prototypes created to perfect the final effect of the gold immersed in the crystal.

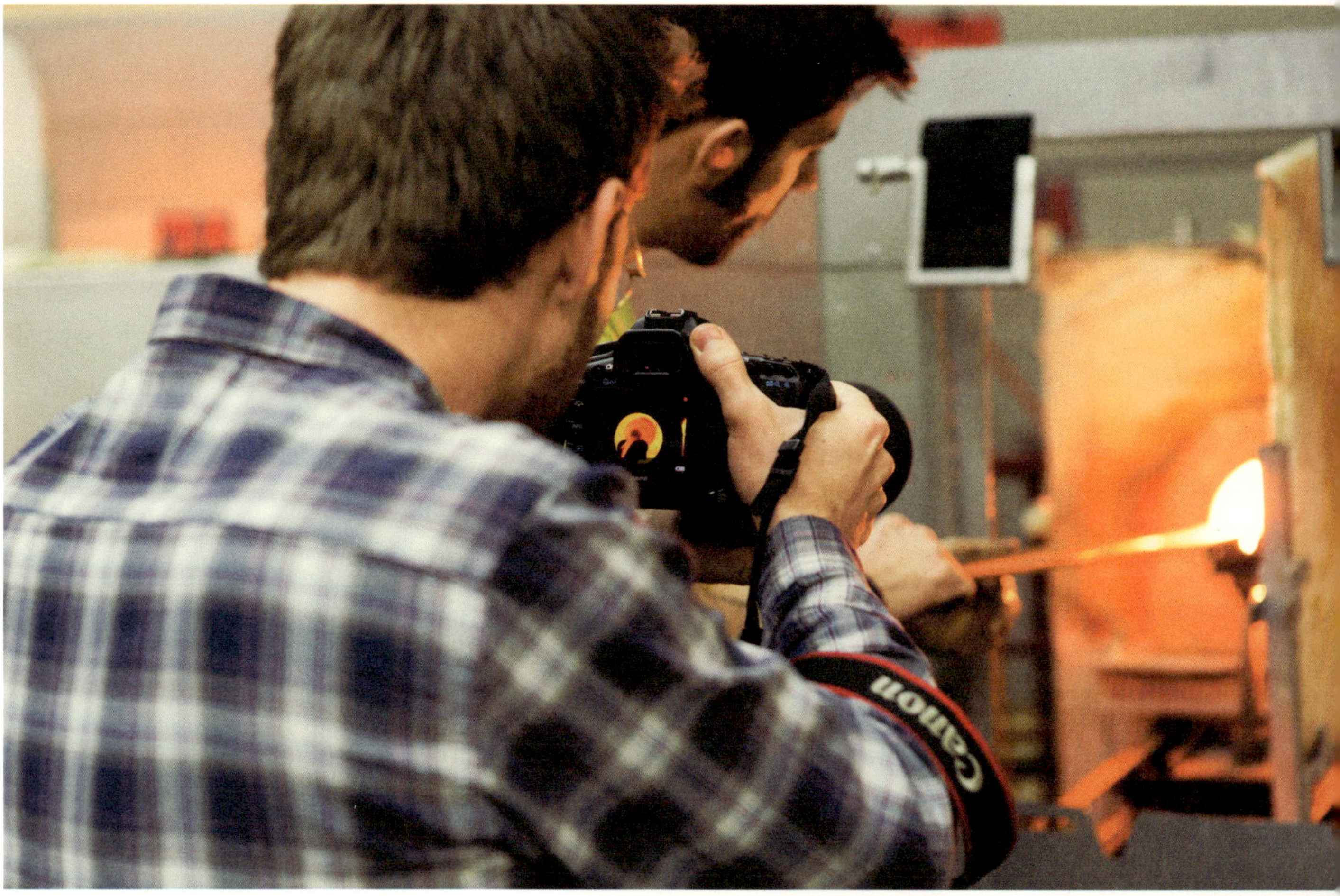

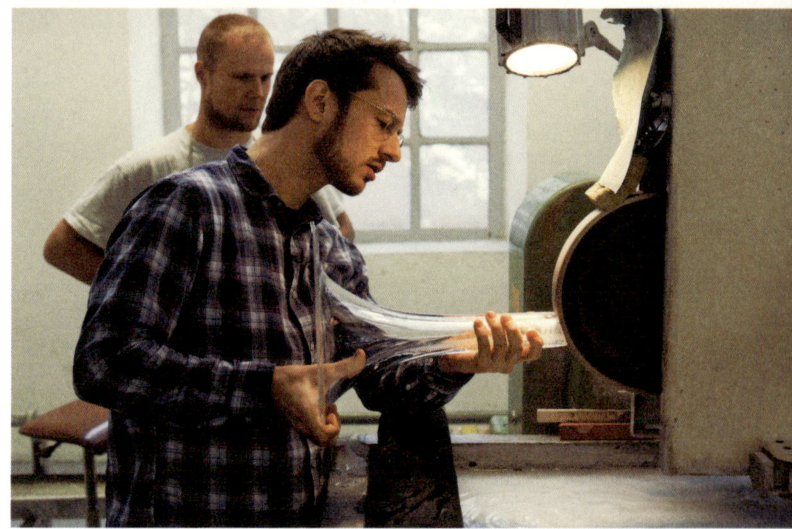

Chacune des "sculptures de fenêtre" en cristal est conçue à la dimension exacte du cadre qui l'accueillera, pour remplacer la vitre sans qu'il y paraisse
Each of the crystal window pieces is sculpted to the exact size of its destination frame, to seamlessly replace a normal windowpane

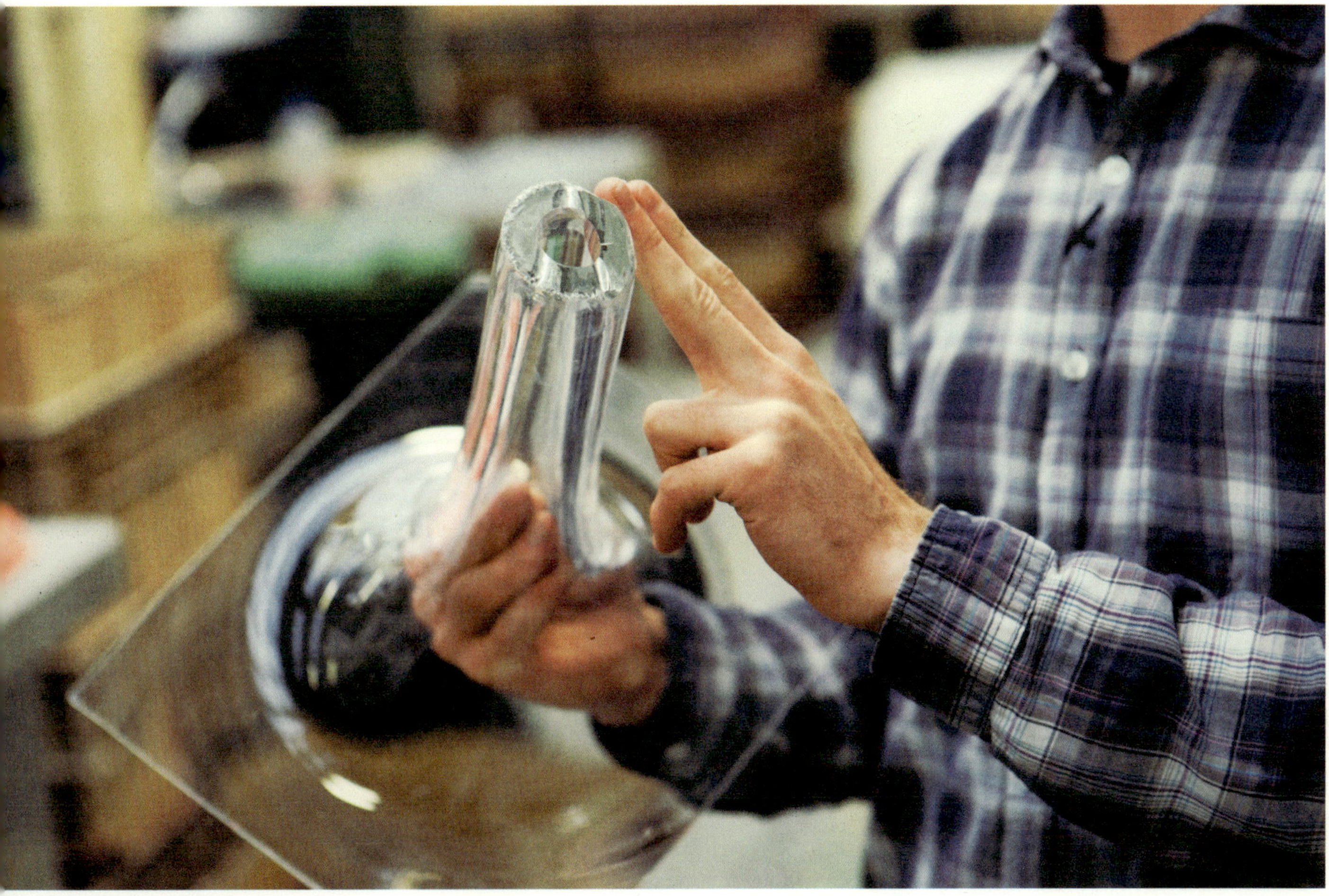

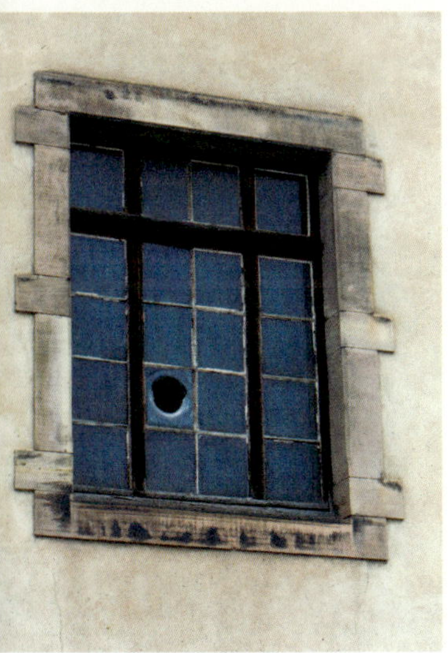

bas à gauche : vue de l'extérieur, la sculpture ressemble à un trou noir dans la vitre qui semble liquéfiée.
ttom left: From the outside, the sculpture resembles a black hole in liquid-like glass.

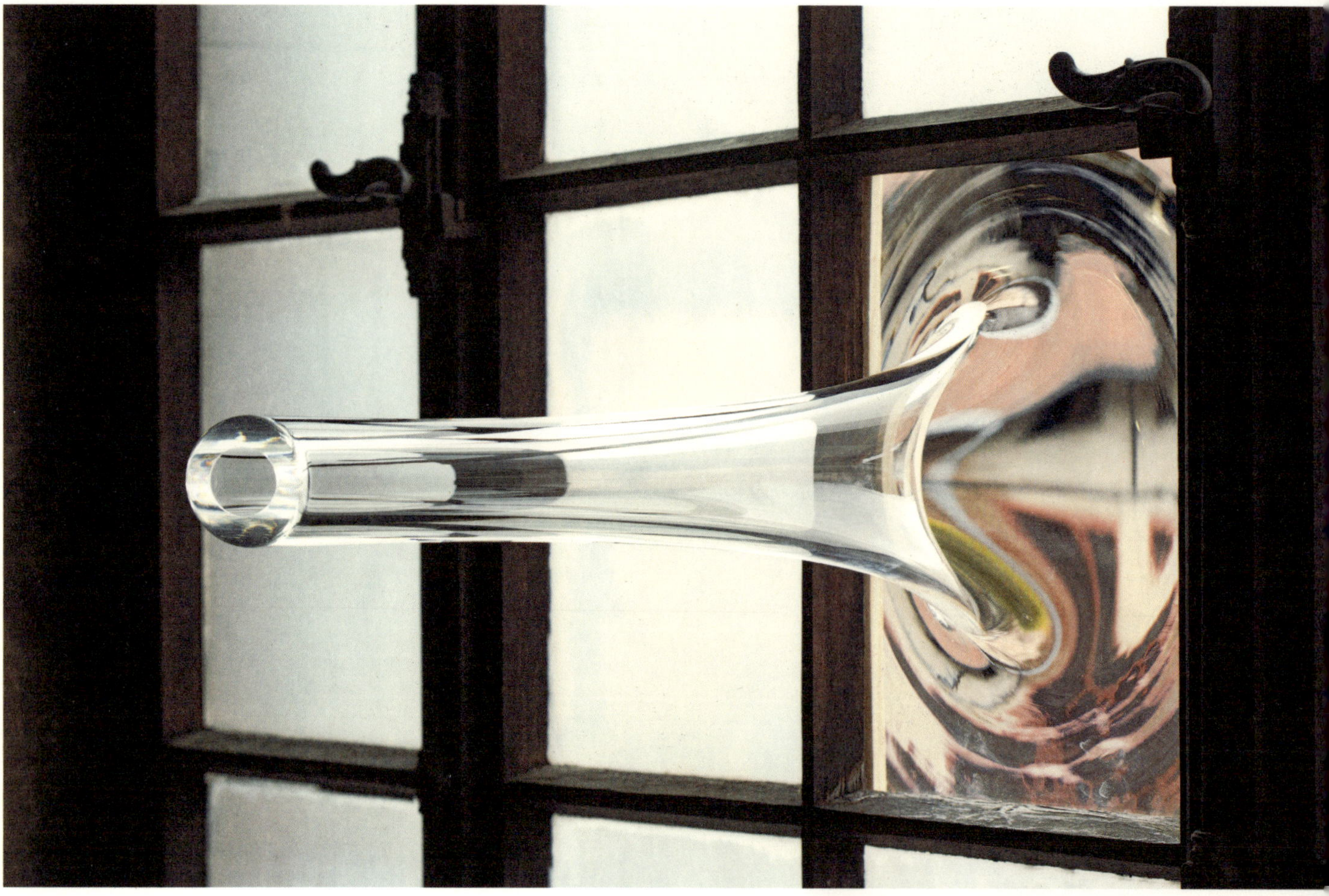

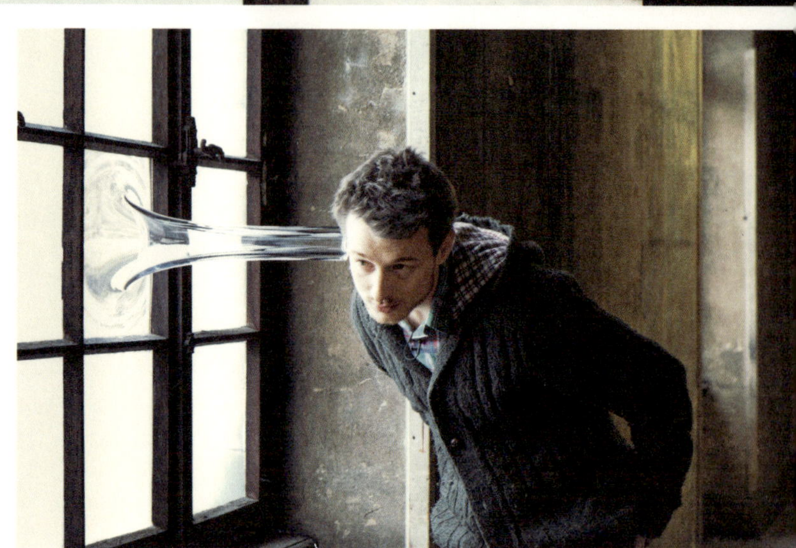

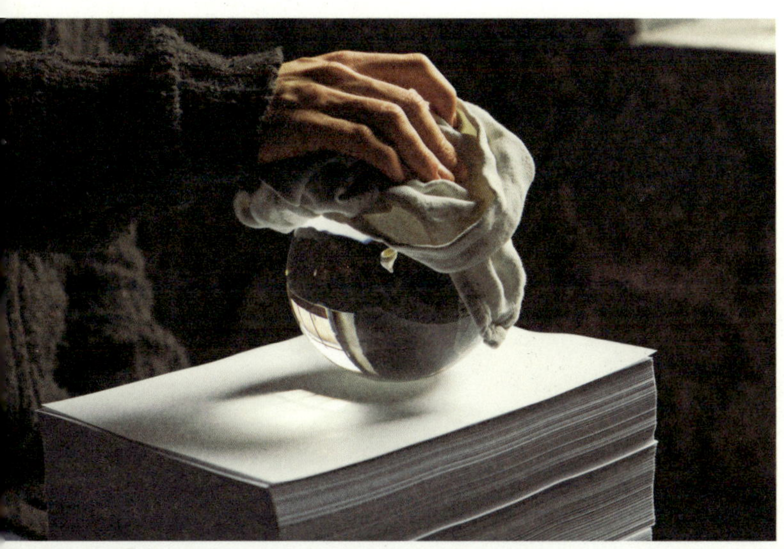

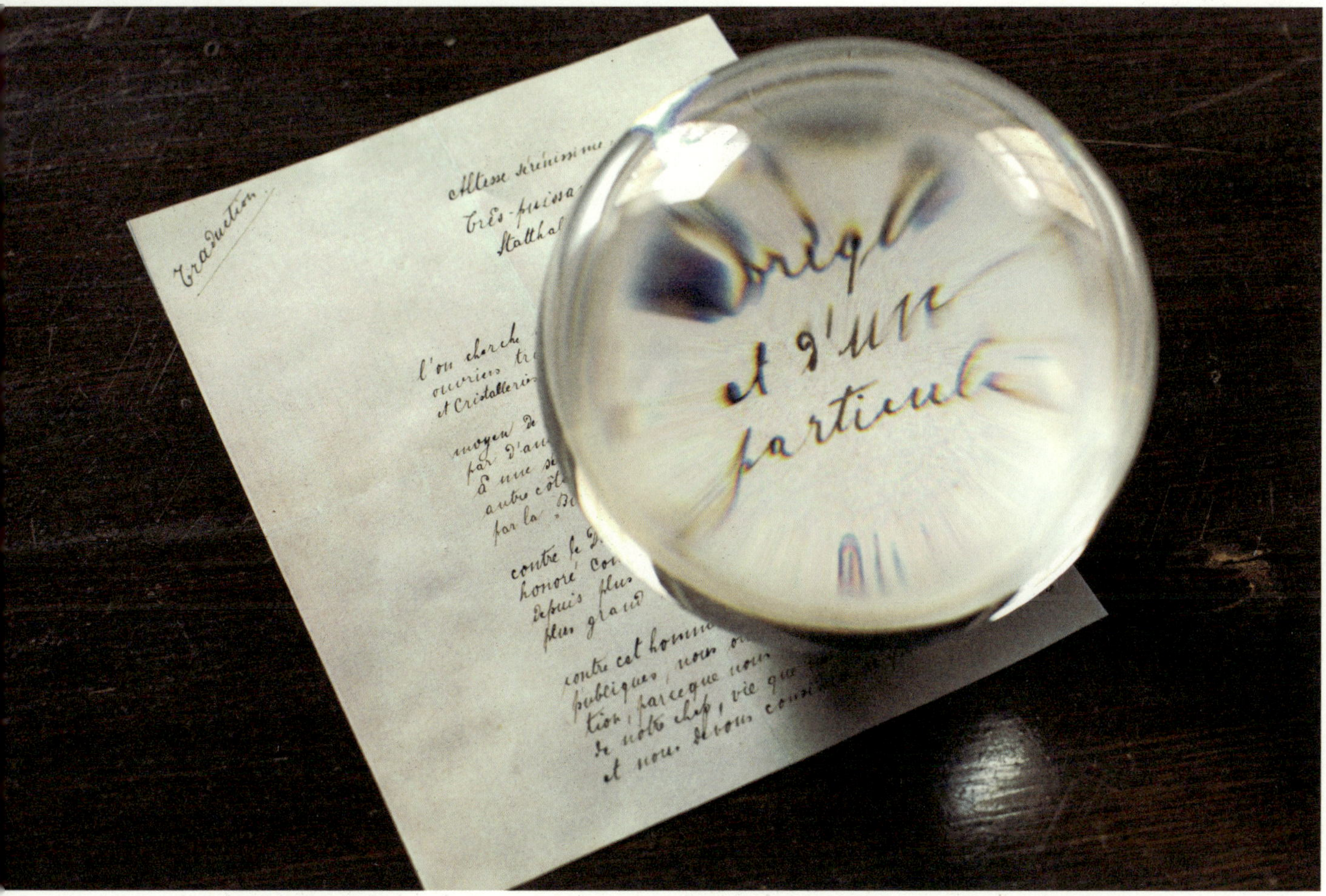

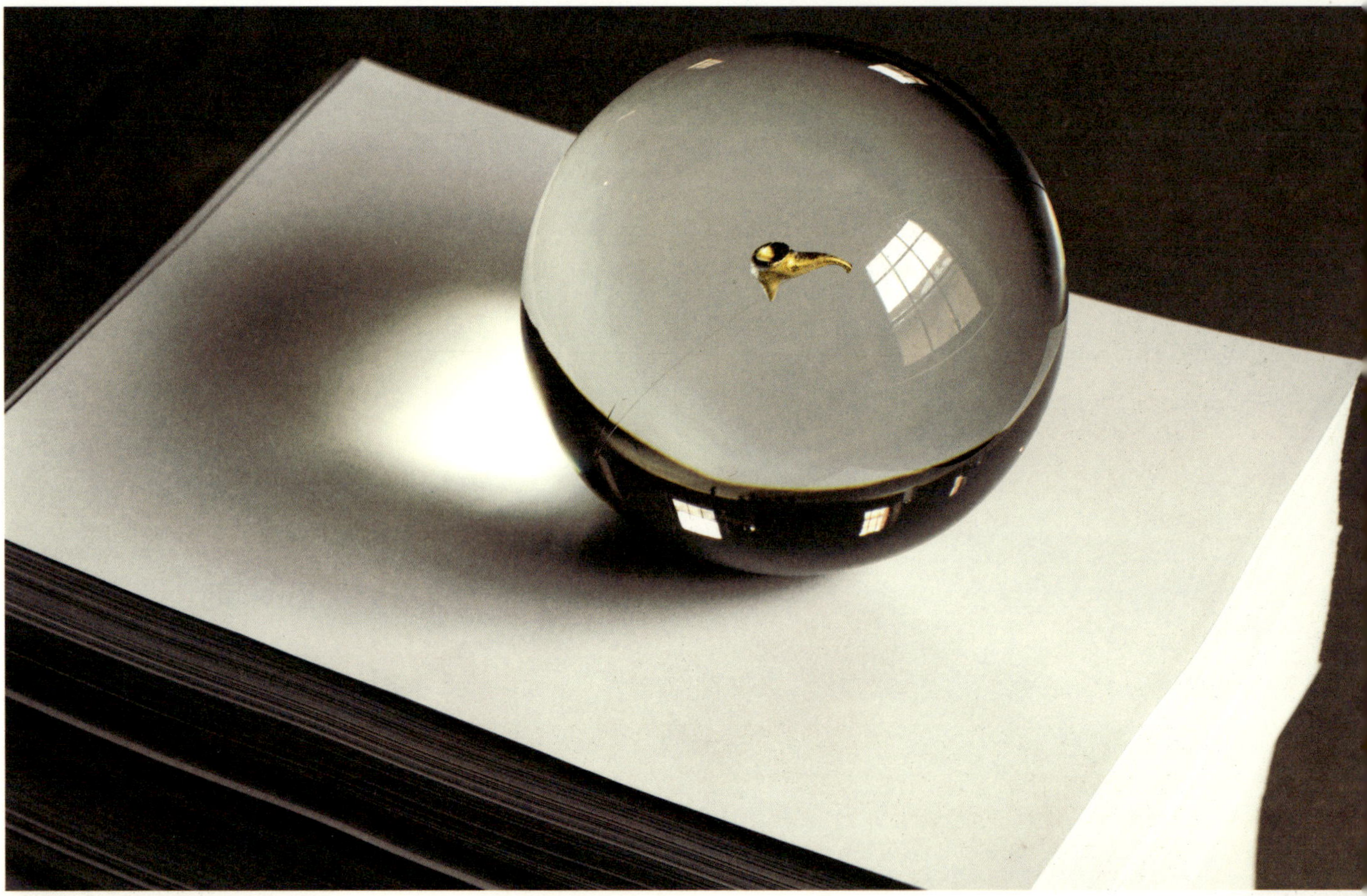

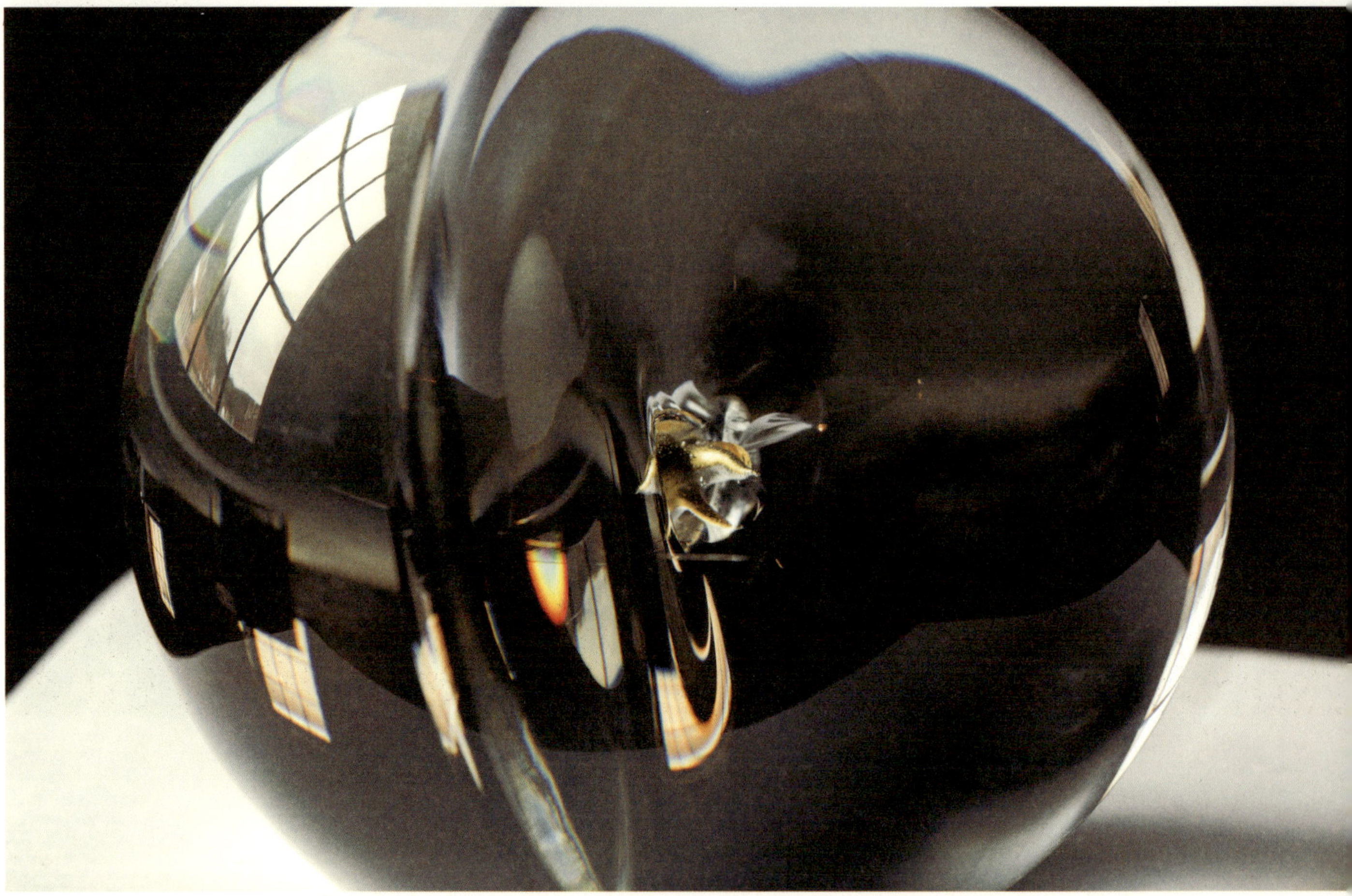

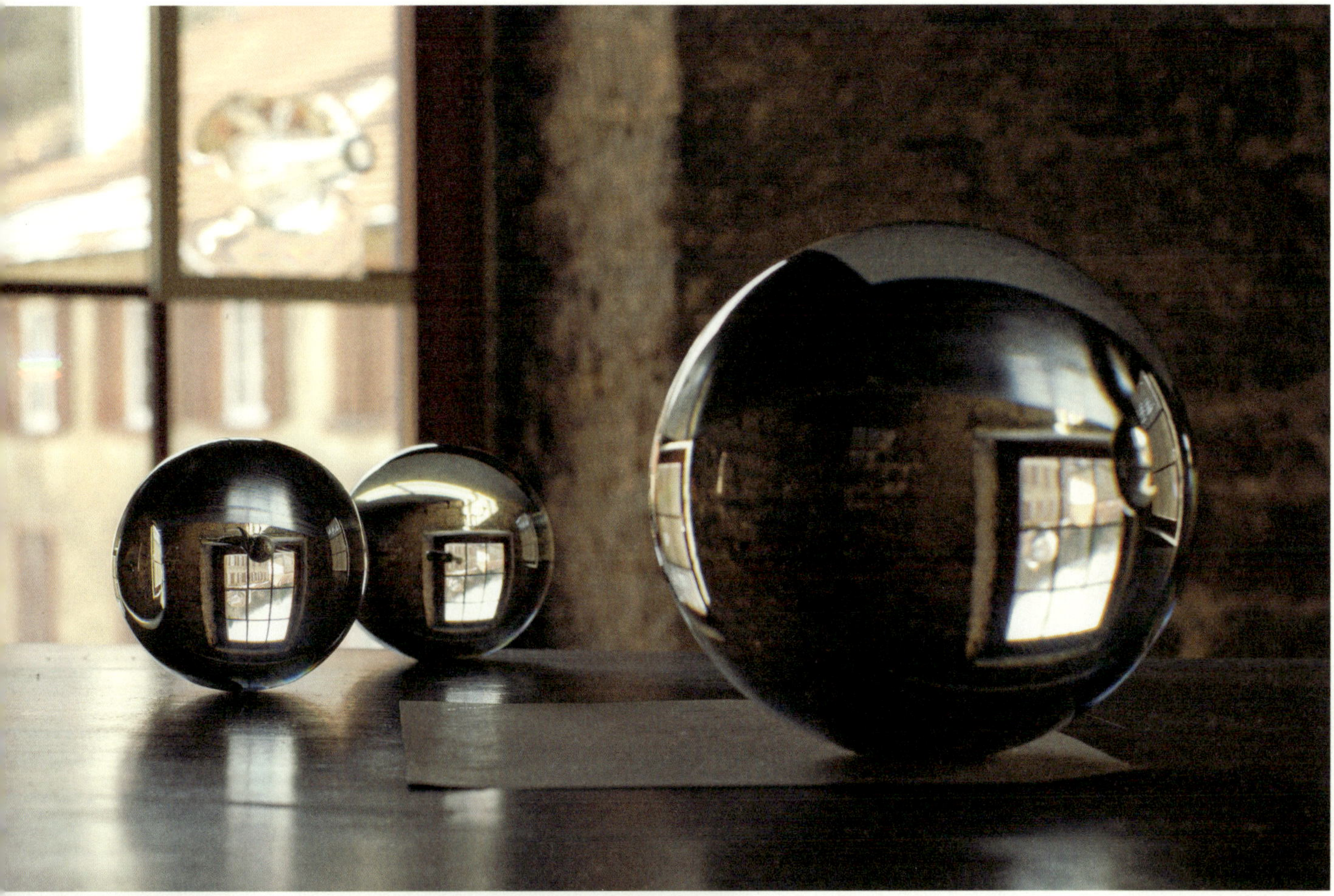

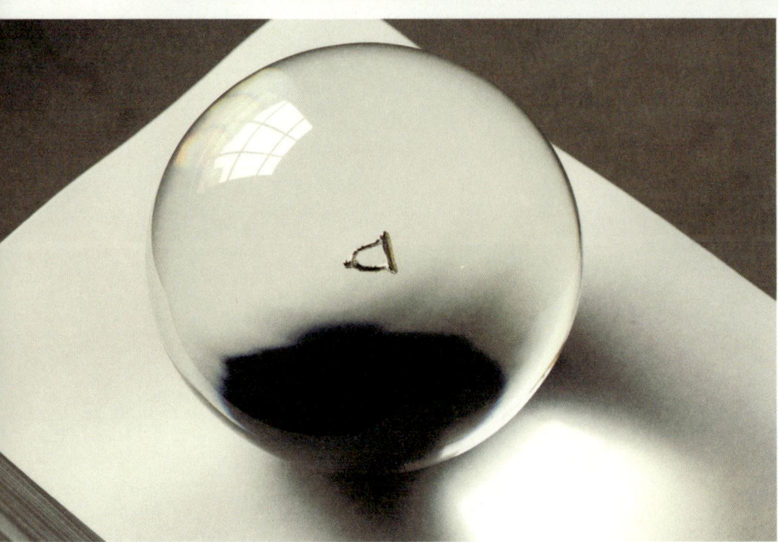

s petites pièces de *Silence is Golden*, hautement désirables et agréables au toucher, sont intimement liées,
un point de vue conceptuel, par l'anatomie commune qui définit la série. Cependant, elles sont conçues pour être séparées
dispersées sur des bureaux, en tant que presse-papiers, ou dans des expositions à travers le monde.
e highly desirable and tactile pieces in *Silence is Golden* are tightly bound conceptually by the common anatomy which defines the series.
t they are conceived to be separated and geographically dispersed on desks and in exhibitions all over the world.

From the Noise of the Furnaces to the "Sonorous Silence" of Crystal

Clément Dirié

Oliver Beer appreciates places steeped in memory and emotion. Indeed, he seeks them out as settings for his exploration – begun in the mid-2000s – of the ways in which art, both static and performative, can take on and reflect its context and, finally, trigger narratives. His wall work *Oma's Kitchen Floor* (2008) is a perfect example: it consists in exhibiting the floor of his grandmother's kitchen. "Oma put down this lino in the 1960s," he explains. "She walked on it so much that in places she almost erased the pattern. Over the years, the spaces in front of the oven, the sink, the fridge and the door, and under dining table, were marked by the traces of her footsteps, the movements of her feet. I see this floor as a drawing made in the course of over forty years, the reflection of a life of movement." By displacing a private, domestic element onto the museum wall, Beer was charging an apparently neutral place with a very personal history and a real depth of time and empathy: the resulting work is both a formal proposition and an invitation to the imagination.

Naturally, his participation in the Hermès Foundation programme of artists' residencies gave him an opportunity to pursue his explorations.[1] Spending several months in the crystal works, Beer was able to get to grips with an unknown space and focus his attention on the forms and stories to which it has given, and continues to give, rise.[2] One of the oldest glassmakers in Europe, known as the Cristalleries Saint-Louis as of 1781, with the discovery of crystal making,[3] Saint-Louis is a space that exists "outside time" and has its own specific history and architecture. It could not fail to fascinate an artist as responsive to *genius loci* as Beer. What compelled him, then, was the manufacture's exclusive activity, a memory stretching over several centuries, and its operation as a closed world – "a real social and political microcosm". This interest fuelled his thoughts on the relation between the here and elsewhere,

1. With Félix Pinquier at the Maroquinerie de Belley, Oh You Kyeong at Puiforcat and Andrés Ramirez at Les Ateliers AS, Oliver Beer took part in the third edition (2012) of the Hermès Foundation artists' residencies, a programme initiated in 2010 in order to give young artists access to rare materials and specialist craft techniques. In its four years of existence, the programme has hosted sixteen artists. An exhibition documenting these residencies is being held at the Palais de Tokyo, Paris, in 2013.

2. For the first two editions of the programme, Cristalleries Saint-Louis hosted Olivier Sévère and Atsunobu Kohira. See the catalogues published to mark these events: Actes Sud, Arles, 2012.

3. Cristalleries Saint-Louis joined the Hermès Group in 1993.

interior and exterior, container and content. These themes are reflected in the works he has made: a set of crystal paperweights titled *Silence is Golden*, the "window sculpture" *Outside-In* and a film, also titled *Silence is Golden*. The two sculptural objects stand apart from his usual production, which is articulated more around the creation of films, performances and photographs. This residency was thus both a chance to enrich his experience with another of those singular sites that he loves to appropriate, and an opportunity to discover a material and form of crafts excellence to which it is hard to gain access. This was the heart of his experience at Saint-Louis. Oliver Beer produced objects that are desirable and precious – a new development in his practice – and that embody a certain ambiguity.

Mentored by Susanna Fritscher, Beer began by getting to know the Saint-Louis crystal works during an immersion session in October 2012. There he learned about crystal making, the different workshops and the skills that go into the production process. He also spent a long time going through the archives, studying the social and historical memory of the crystal works, enriching this "official" memory on paper through his frequent discussions with the craftsmen and inhabitants of Saint-Louis, where families have lived and worked for generations. Very much in the spirit of his art, Beer was at once interested in the activity of the place, its permanent residents, and of course, its acoustic qualities. Sound, which crystal so brilliantly encapsulates, is one of his main concerns. "I often use the relation between sound, music and architecture as a structure on which I create films, installations and performances," he notes, recalling his own training in musical composition. An important piece of his, begun in 2007, is *The Resonance Project*, which is made up of acoustic performances and films. It is indicative of the prominence of music and aural expression in his work. In the tradition of American composer Alvin Lucier – whose work involves natural phenomena related to acoustic and psycho-acoustic physics[4] – in this piece he takes a very comprehensive approach to the phenomenon of sound, embracing both the emitter of the sound and its receiver, as well as the context of its emission and reception. *The Resonance Project* uses the human voice – choirs and ensembles of soloists – in order to simulate architectural space with a system of echoes that will make them resonate on their natural frequency.[5] As art critic François Quintin points out, "the emptiness between

4. Playing on a principle of the remake and successive recordings, *Ear Drum/ Bodhran*, 2009, is also inspired by principles conceived by Alvin Lucier.

5. Places concerned by the *Resonance Project* include: the Centre Pompidou, Paris, 2008, Abbazia di Farfa, Rome, 2008, sewers *(Deep and Meaningful)*, London, 2009–10, a car park *(Pay and Display)*, Birmingham, 2010–11, the Palais de Tokyo, Paris, 2012, and the WIELS, Centre for Contemporary Art, Brussels, 2013.

the walls holds charges that the imagination invests with emotion, memory and faith, and whose presence, energies and tensions Beer sets out to reveal."[6] Although he did not continue the *Resonance Project* at Saint-Louis, his approach there was very much along those lines: revealing the singularity of a space, showing what is in play and is expressed there, attentive to tangible and immaterial elements alike. Naturally, the artist also noted the resonance of crystal, its acoustic properties, but also the striking contrast between the incessant hum of the furnaces and the silent concentration of the artisans. The title of two of his works, *Silence is Golden*, derives in part from this observation. From the sound of the furnaces, crystal is born. These two works, indeed, are the artist's first "silent sound works".

After this period of study and assimilation, Beer moved on to the production phase, which lasted from November 2012 to February 2013. *Outside-In*, the first work, an unusual "window sculpture", summed up his experiments. Made to measure on site, *Outside-In* is a clear crystal membrane that can be used to link the usually separate and sealed spaces of interior and exterior. By putting their ear to the acoustic horn which filters sounds from outside, visitors find themselves hearing the world as if listening to the sounds of the past in a shell. Observed from outside, this unique form becomes an object of fascination that pulls us beyond our usual seeing. Dividing up the light and scenery, it is also a vector of vagueness, all the more surprising in that it mimics a banal everyday object. Combining the physicality of the movement of air and sound, *Outside-In* proves to be an instrument for seeing and listening, a "telescope" opening onto the real and the imaginary.[7]

Silence is Golden, the artist's second piece, is a set of several crystal paperweights into three of which he has placed a miniature made of gold – one of the only materials that can be inserted into these crystal globes. Standing on piles of paper, which symbolize the history of the manufacture or blank pages ready to be filled in by the happy future owners of these very desirable objects, these precious sculptures seem to float in space, an impression heightened by their infinite reflections. One final paperweight, without a heart, is placed on the first page of a set of letters from the Cristalleries archives.[8] "It's fascinating. It would appear to be a letter sent by the three thousand workers at Saint-Louis to the German emperor in defence of the

moral integrity of their director, one Comte de Didierjean, who was accused of illicit relations with a servant. The scandal blew up in the press and all around the region, and so this letter implored the protection of the emperor, combining a moral defence of the master with political observations."[9]
As for the other three sculptures, each one of them contains an actual-size replica of the ossicles in the inner ear, the evocatively named hammer, stirrup and anvil. Immersed in crystal, and physically separated, they become talismans, which here tend to symbolize silence – the silence needed for their production – more than their habitual association of sound.[10] They are also highly desirable objects whose seductive appearance tempts the hand to touch, hold and possess. Their practical and luxurious dimensions also enfold the notions of power and social status, which the artist wanted to bring out, too.

Finally Beer's residency at Saint-Louis was also an opportunity to make a new film, since the camera is an ideal tool for appropriating a context. Built, once again, on the principle of relating interior and exterior, the film is structured around a tension between hot and cold, with its shots of the snow-covered approaches to the crystal works alternating with images of the action of the people blowing flames, revealing the hum of the furnace, the concentration and tacit communication between the artisans, conveying the silence or the power of a drop falling onto the melting crystal.

Veritable links between the here of the Cristalleries Saint-Louis and ghostly or real elsewheres, receptacles for the artist's vision of the many parameters that knit together the singularity of the site, the works of Oliver Beer are also awaiting a new life,[11] one that will enable them to weave a network of resonances and reactivations that, starting with an off-kilter trampoline and a singular experience, will bounce back into the world, in the same way as the productions of Saint-Louis have embodied this village in the Moselle for several centuries.

9. The letter begins thus: "For over a year, efforts have been made to excite the placid and peaceful workers of the Saint-Louis crystal and glass works ..."

10. Unlike the 2012 work in neon, *Klang (Superimposition of the Harmonic Series of the Palais de Tokyo)*, which materializes the movement of sound in space in the form of waves.

11. Site-specific versions of *Outside-In* are planned for the Hermès Museum and the Ikon Gallery in Birmingham. The *Silence is Golden* paperweights are finding desktop homes as I write.

Une publication/Published by
Actes Sud/Fondation d'entreprise Hermès

FONDATION D'ENTREPRISE HERMÈS
Président/President : Pierre-Alexis Dumas
Directrice/Director : Catherine Tsékénis
Responsable éditorial/Editorial manager : Frédéric Hubin
Chef de projet résidences/Head of project : Clémence Miralles-Fraysse

ACTES SUD
Conception graphique/Graphic design : Raphaëlle Pinoncély
Correction/Copy editor : Aïté Bresson (français), Bronwyn Mahoney (anglais)
Traduction/Translation : Charles Penwarden
Fabrication/Production : Géraldine Lay

Texte/Text : Clément Dirié
Légendes du portfolio/Portfolio's captions : Oliver Beer
Photographies/Photographs : © Tadzio, 2013

Le DVD qui accompagne cet ouvrage vous est offert.
Il présente un film réalisé par Frédéric Fiol,
production exécutive No One, Jean-Paul Boucheny.

The complimentary DVD accompanying this book
presents a film directed by Frédéric Fiol and
produced by Jean-Paul Boucheny (No One Productions).

La Fondation d'entreprise Hermès remercie Oliver Beer
et sa marraine Susanna Fritscher ainsi que les personnes ayant facilité
le bon déroulement de la résidence : Jérôme de Lavergnolle,
président-directeur général des cristalleries Saint-Louis,
François Schaefle, directeur, et toutes leurs équipes.

The Fondation d'entreprise Hermès would like to thank Oliver Beer,
his mentor Susanna Fritscher and everyone who contributed
to the smooth running of the residency: Jérôme de Lavergnolle,
Chief Executive Officer of the Cristalleries Saint-Louis, François Schaefle,
Plant Director, and all their teams.

Ouvrage reproduit et achevé d'imprimer en 2013
par l'imprimerie EBS à Vérone
pour le compte des éditions Actes Sud
Le Méjan, place Nina-Berberova, 13200 Arles
Ce livre ne peut être vendu séparément.

Dépôt légal
1re édition : juin 2013
ISBN 978-2-330-01930-3

© Actes Sud/Fondation d'entreprise Hermès, 2013
www.actes-sud.fr
www.fondationdentreprisehermes.org

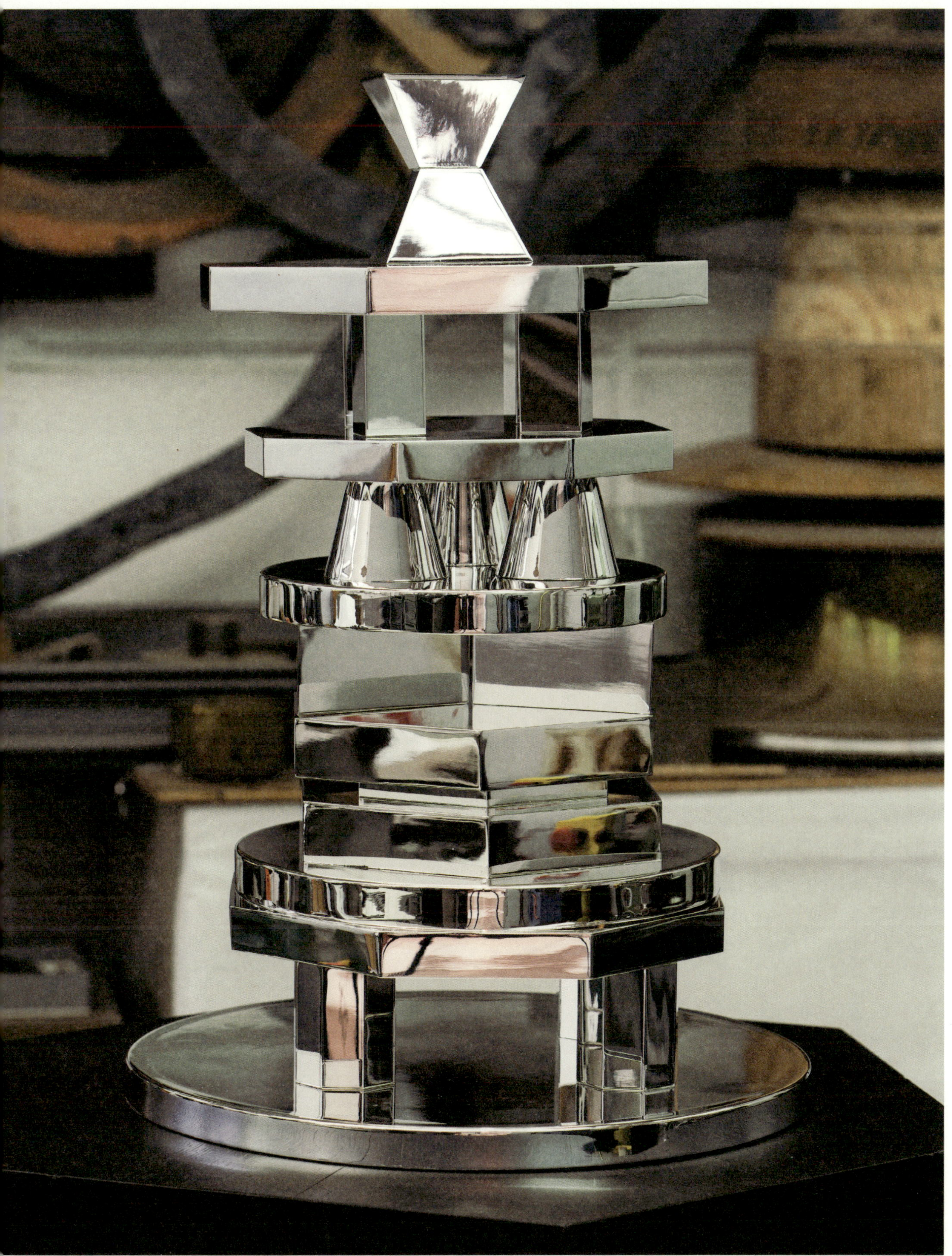

Cahier de résidence

Oh You Kyeong
à la manufacture Puiforcat

sous le parrainage de Giuseppe Penone

ACTES SUD | FONDATION D'ENTREPRISE HERMÈS

Des fragments d'argent en gage de bonheur

Clément Dirié

1. Avec Félix Pinquier à la Maroquinerie de Belley, Oliver Beer aux cristalleries Saint-Louis, Andrés Ramirez aux Ateliers AS, Oh You Kyeong participe en 2012 à la troisième édition du programme des Résidences d'artistes de la Fondation d'entreprise Hermès, initié en 2010 pour permettre l'accès de jeunes plasticiens à des matériaux rares et des savoir-faire de haute manufacture. En quatre ans, le programme a accueilli seize artistes. Une exposition retraçant ces résidences a lieu en 2013 au palais de Tokyo, Paris.

2. Les citations sont issues d'un entretien avec l'auteur, janvier 2013.

3. En 2011, Puiforcat a accueilli Marine Class, artiste de la deuxième session des Résidences d'artistes de la Fondation d'entreprise Hermès. Voir le catalogue publié à cette occasion, Actes Sud, Arles, 2012.

À moins d'un mois du terme de sa résidence, en janvier 2013, Oh You Kyeong semble vivre au rythme de l'atelier Puiforcat, s'y être pleinement intégrée. Installée à son établi, elle réalise, jour après jour, les nombreuses pièces qui, combinées toutes ensemble, donneront naissance à ses *Pagodes de la Lune*, l'œuvre issue de sa participation aux Résidences d'artistes de la Fondation d'entreprise Hermès[1]. Appariées selon leur forme ou leur stade d'avancement, disséminées dans les différents ateliers, ses pièces peuplent la presque totalité des espaces de la manufacture, en attente d'une soudure, d'un polissage ou de leur argenture. En attente, également, d'être réunies pour former cette architecture de lumière conçue par l'artiste, ce paysage de formes géométriques aux reflets changeants.

Pour le moment, les dizaines de pièces cohabitent sur les étagères et les plans de travail – à même le sol parfois – avec les plats et les plateaux, les timbales et les couverts réalisés par les artisans de l'atelier selon une tradition héritée du début du XIXe siècle. En reprenant le vocabulaire et les techniques de fabrication de cette manufacture de haute orfèvrerie, l'œuvre d'Oh You Kyeong s'inscrit naturellement dans cet héritage tout en le réinterprétant à l'aune de sa pratique d'artiste contemporain. *Les Pagodes de la Lune* constituent ainsi un creuset entre un savoir-faire artisanal et la création artistique, entre une tradition séculaire et un langage plastique hérité de l'art minimal, entre la culture occidentale et la civilisation asiatique – un creuset que son identité d'artiste coréenne en résidence au sein d'un lieu symbolique de l'excellence française rendait inévitable. "J'ai souhaité faire de cette œuvre un point de rencontre entre l'univers culturel et créatif de Puiforcat et mon propre héritage, ma manière d'envisager l'art et de le pratiquer[2]", explique-t-elle. Parrainée par Giuseppe Penone – dont elle fut l'élève aux Beaux-Arts de Paris –, Oh You Kyeong a conçu chez Puiforcat une œuvre à la fois fantasque et minimale, sacrée et ludique[3]. Celle-ci occupe, notamment en raison de son matériau, une place singulière dans le corpus d'une artiste habituellement attachée au caractère éphémère des objets quotidiens et fragiles qu'elle emploie.

Pendant sa phase d'immersion, en juillet 2012, Oh You Kyeong s'est d'abord familiarisée avec le savoir-faire de Puiforcat et les techniques d'orfèvrerie qui y sont pratiquées : la gravure, la ciselure, l'orfèvrerie, le polissage, le planage, l'avivage et le repoussage. Elles seront toutes nécessaires à la réalisation de son œuvre. Elle a également profité de ce temps de découverte pour consulter les archives de la manufacture, en particulier les dizaines de notes, croquis et esquisses laissés par Jean Puiforcat (1897-1945). Arrière-petit-fils du fondateur[4], c'est sous sa direction artistique, dans les années 1920 et 1930, que Puiforcat entre dans la modernité, en revitalisant l'héritage du XIXᵉ siècle. Membre fondateur de l'Union des artistes modernes, il s'est également illustré – et cela importe pour comprendre *Les Pagodes de la Lune* – comme orfèvre religieux, présentant des objets cultuels aux expositions des Arts décoratifs des années 1920 et à l'Exposition internationale *Arts et techniques dans la vie moderne*, de 1937.

4. Fondée à Paris en 1820 par Émile Puiforcat, l'entreprise familiale, d'abord spécialisée dans la coutellerie, évolue vers la haute orfèvrerie à la fin du XIXᵉ siècle. Puiforcat intègre le groupe Hermès en 1993.

En octobre 2012, après une phase de définition de son projet *via* la réalisation de maquettes en papier et en carton, Oh You Kyeong s'est alors installée au cœur des ateliers, jusqu'en février 2013. Les techniques d'orfèvrerie requérant une extrême précision, il lui a d'abord fallu mettre au point chacune des pièces grâce à de multiples développés – ces dessins techniques qui permettent d'étudier la forme d'une pièce sous tous ses angles. Puis elle a véritablement débuté sa phase de production, créant 108 pièces inspirées du répertoire géométrique qui, toutes, offrent des faces uniment lisses, dénuées de tout décor ou d'effet stylistique. Ces pièces prennent la forme de cubes, de pyramides étêtées, de polygones (hexagones, octogones), de colonnes et de socles rectangulaires. Mesurant de 2 à 10 centimètres de hauteur et entre 3 et 34 centimètres de large, elles sont conçues pour être associées selon un principe modulaire et d'équivalence. Empilées, elles atteignent une hauteur maximale de 60 centimètres et forment un ensemble de six constructions pouvant être présenté sur des supports en bois, issus de l'atelier Puiforcat, ou sur des socles foncés, accentuant ainsi leur brillance et leur caractère irréel, flottant. Cependant, à la différence des créations Puiforcat dont elles reprennent l'apparence et les techniques de fabrication, *Les Pagodes de la Lune* en proposent une

relecture contemporaine, approfondissant et radicalisant ainsi le travail
sur la forme mené par Jean Puiforcat. En effet, comme à son habitude,
Oh You Kyeong a créé des "modules" à l'esthétique minimale, des formes
génériques semblables à celles qu'elle met régulièrement en scène dans
ses installations et sculptures. Néanmoins, cette résidence a modifié
son vocabulaire plastique puisque ses œuvres précédentes ont, dans leur
majorité, recours à des matériaux éphémères, fragiles, sans grande qualité,
comme le papier ou le plastique, à des matériaux radicalement différents de
l'argent que les faces scintillantes des pièces assemblées magnifient ici.

Le caractère minimal, architectural et modulaire des *Pagodes de la Lune*
situe cette œuvre dans la lignée de propositions antérieures de l'artiste, alors
que son aspect précieux et sa taille – plutôt modeste en comparaison –
y semblent, *a contrario*, des aspects nouveaux. En effet, si une œuvre
emblématique comme *Created Mountain II* (2010) déploie également un
jeu sur le nombre et l'identique, son matériau et ses dimensions diffèrent de
ceux de l'œuvre réalisée chez Puiforcat. Composée de milliers de gobelets
en papier[5], disposés comme un archipel d'îles plus ou moins étendues,
cette installation "de fortune" propose au spectateur de déambuler dans un
paysage mouvant, surprenant et monumental – quand la répétition devient
agrégation, prolifération, énergie. Dans *Dreamlike* (2011), des centaines de
balles de ping-pong, aussi immaculées que les gobelets de *Created Mountain*,
dessinent un paysage simultanément ludique et onirique, un ciel de nuages
grâce auquel, une nouvelle fois, Oh You Kyeong transfigure un objet du
quotidien[6]. Avec *Les Pagodes de la Lune*, le paysage imaginé par l'artiste se
vit dans un cadre plus restreint, celui d'un jardin de contemplation et de
miniatures. Une échelle auparavant expérimentée dans *Paper City* (2011),
une ville éphémère formée de dizaines de blocs de feuilles au format A4[7].

Mais au centre de *Created Mountain*, Oh You Kyeong avait déposé un bouddha
doré, une sculpture presque invisible, double évocation du précieux et du
spirituel, deux notions récurrentes dans l'œuvre de l'artiste, également présentes
dans *Les Pagodes de la Lune*. En effet, cette dernière superpose différents
niveaux d'interprétation : aux lectures ludique, minimale et décorative s'ajoute
une dimension spirituelle – cette association des sens rappelant la démarche
initiée il y a près d'un siècle par Jean Puiforcat avec ses objets cultuels.

5. Oh You Kyeong emploie régulièrement des matières et objets banals, périssables, issus du quotidien. Pour *Auto-performance* (2008), elle utilise des sacs-poubelle ; dans *Created Mountain I* (2008), l'installation est composée de ballons gonflables.

6. Dans d'autres œuvres, ce processus de transfiguration, voire de réhabilitation, concerne des objets abandonnés, abîmés, auxquels l'artiste confère une seconde vie : une chaise trouvée dans la rue dans *A High Place* (2006), du papier usagé dans *Memory of Traces* (2009).

7. D'autres installations d'Oh You Kyeong jouent également de ces notions de modularité et de paysage en y intégrant une donnée supplémentaire : celle du temps, de l'éphémère et de la métamorphose. Pour *Flour World/Flower Project* (2012), elle réalise une structure au sol composée de nombreux modules géométriques en farine, qu'elle regroupe finalement pour former un tas organique. Dans *Cuvement (Cuve + Movement)* (2007), elle place un ventilateur en face d'une "montagne" de 3 300 boîtes en papier, lesquelles s'effondrent sous l'effet de l'air, ne cessant jamais de se mouvoir. Oh You Kyeong souhaite ainsi mettre en scène l'idée de "déconstruction", qui est "à la fois une destruction et une construction".

Évidemment, la forme architecturale de la pagode[8], symbolisant le sacré dans les religions asiatiques comme le bouddhisme ou le shintoïsme, constitue un premier élément d'évocation auquel l'artiste ajoute une dimension plus vernaculaire. Lors d'un voyage – qui l'a profondément marquée – au Tibet et au Ladakh, elle remarque les empilements de pierres naturelles qui bordent les rues en gage de sécurité et de bonheur. Voilà une dimension humaine, empreinte de l'expérience, qui charge singulièrement ses sculptures. De plus, Oh You Kyeong assimile volontiers le long processus d'orfèvrerie nécessaire à leur production à une pratique sacrée et de communion avec la matière – l'usage du feu y contribuant certainement. Enfin, sa volonté de créer une œuvre non figée, en perpétuel mouvement, est certes issue d'une certaine filiation minimaliste mais s'avère également porteuse d'une relation particulière au monde. Sculpture de mouvement – les faces miroiriques des pièces reflètent et décomposent leur environnement de manière cinétique, en fonction des mouvements du spectateur –, *Les Pagodes de la Lune* prennent en compte la mobilité des choses, le cycle de la vie et le passage du temps ; des notions ici incarnées par la métaphore de la Lune argentée[9]. Se revendiquant du chamanisme et – dans la lignée de Joseph Beuys – d'une vision de l'artiste en thérapeute, Oh You Kyeong accorde une grande valeur aux matériaux comme vecteurs d'énergie et de sens[10]. Elle déclare : "Je crois au rôle social de l'artiste, que les artistes ont à soigner la société par leur activité créative. Je vois les objets et le monde comme des sources d'énergie et j'essaie de dépasser le simple regard pour les métamorphoser d'une manière poétique." Dans *La Chaise de sel* (2006), elle recouvre une chaise cassée de sel en symbole de purification, de protection et de renaissance ; pour *Branche guérie* (2004), elle enveloppe un arbre mort avec de la toile de chanvre, matière dont on recouvre les morts en Corée. Avec l'ensemble créé chez Puiforcat, elle déplace l'utilisation de techniques et de matériaux liés aux mondes domestique et décoratif vers le spirituel et le sacré – une nouvelle action de transfiguration.

Œuvre de contemplation et de mystère, *Les Pagodes de la Lune* tendent un miroir fascinant et bienveillant aux spectateurs qui, les embrassant du regard, tentant de percer le secret de leur fabrication et de leur signification, s'essaieront peut-être à en intervertir les pièces, à assembler "les pièces de la pagode comme les mots d'un poème". Résultant d'un processus alchimique qui a métamorphosé de la pensée en argent, elles ne constituent pas uniquement le terme d'une production mais se déploient désormais dans de multiples univers, apportant bonheur et sécurité à tous ceux qui s'en approchent.

8. Selon l'étymologie sanskrite, pagode signifie "déesse". Ainsi, *Les Pagodes de la Lune* sont tout à la fois des architectures réduites et des sculptures votives.

9. "Selon certaines traditions, l'argent est le métal de la Lune, à cause de la ressemblance de sa coloration brillante avec la couleur de la reine de la nuit. De plus, l'argent a une signification spirituelle, symbolisant la divinité, la charité, la paix", précise Oh You Kyeong.

10. Cette vision est également partagée par les artistes de l'arte povera, mouvement auquel l'œuvre de Giuseppe Penone, parrain de la résidence d'Oh You Kyeong, se rattache à maints égards.

Les Pagodes de la Lune

à la manufacture Puiforcat

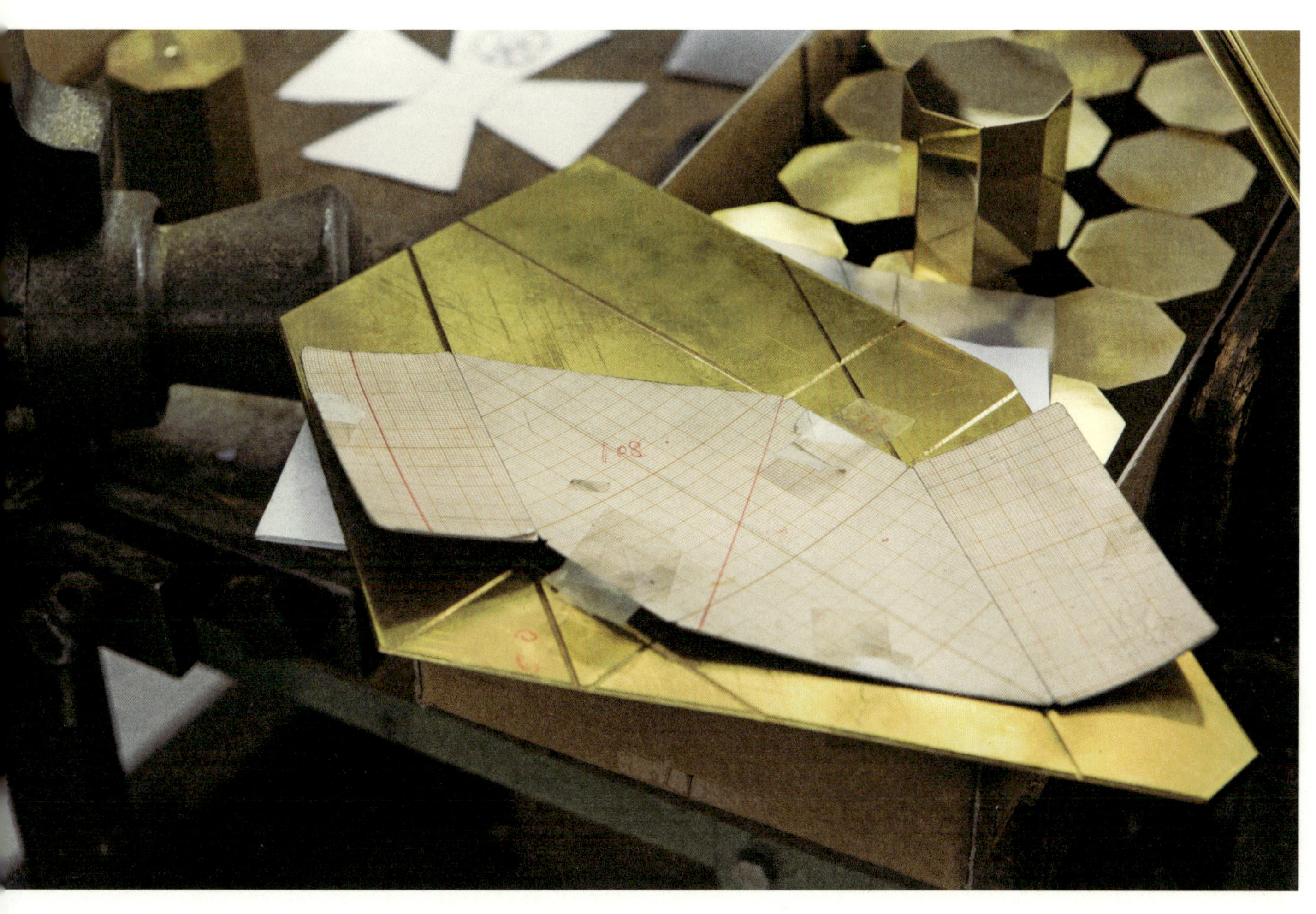

laque en laiton cliquetée pour le pliage d'une pièce en prisme triangulaire.
heet of brass *cliqueté* (with 90° grooves) for folding into a "triangular prism".

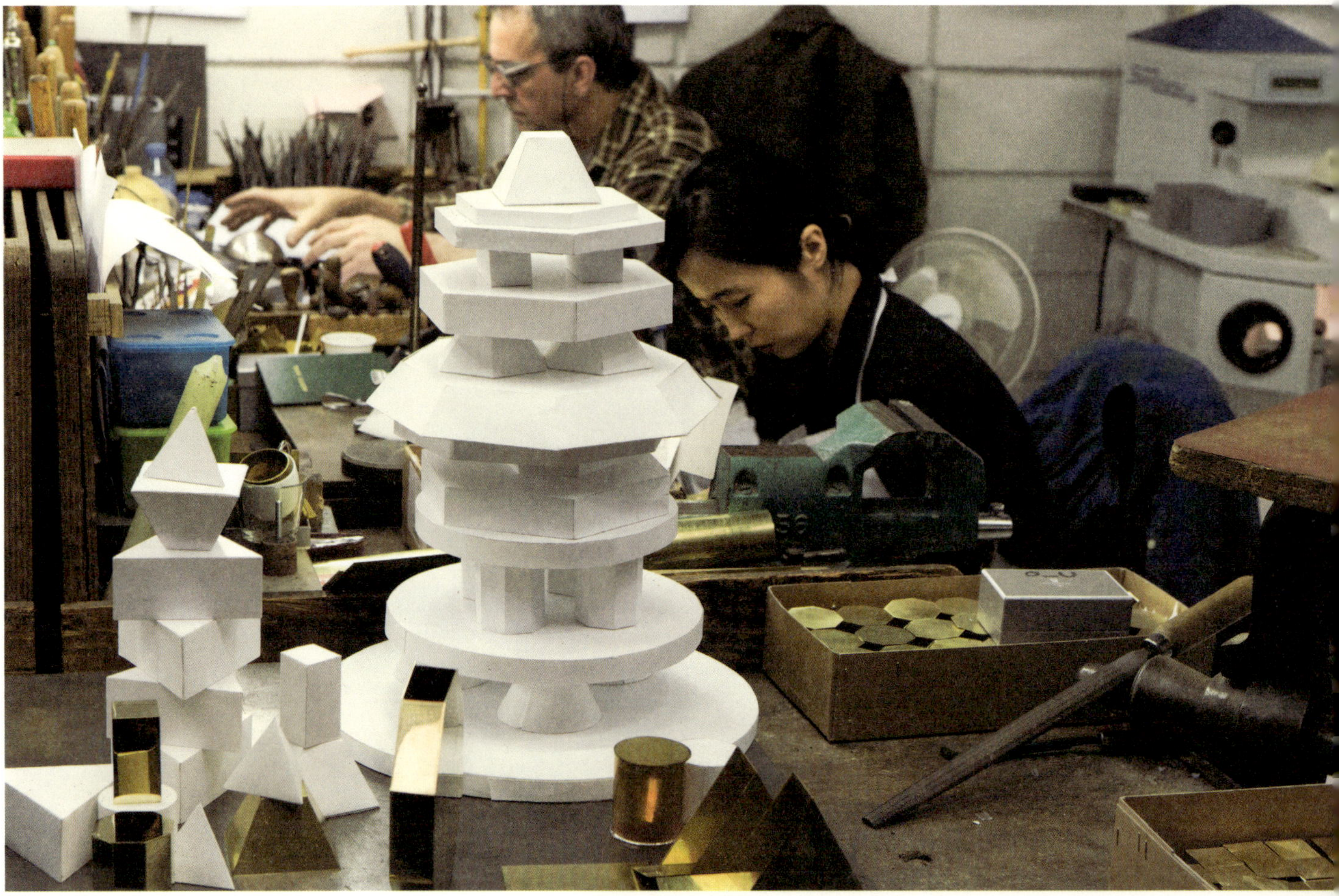

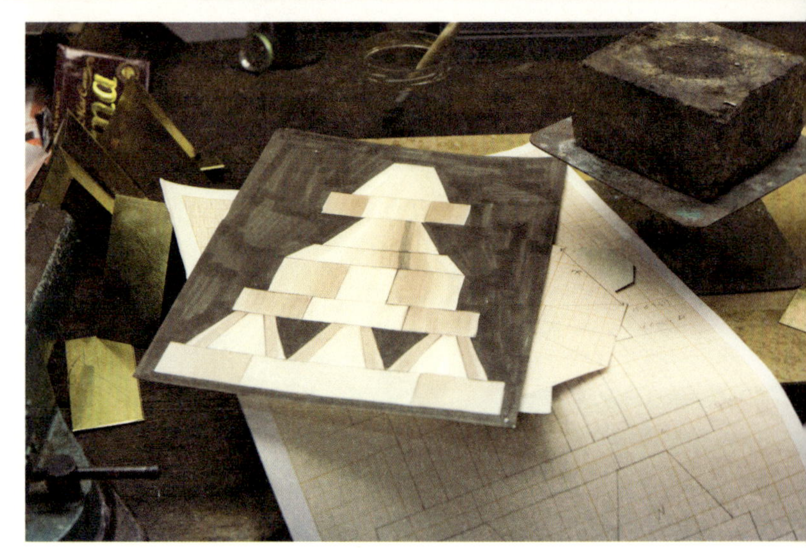

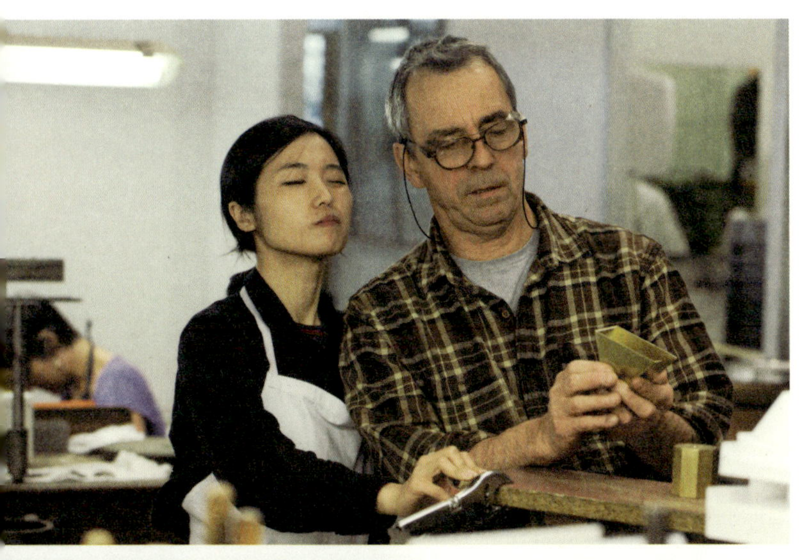

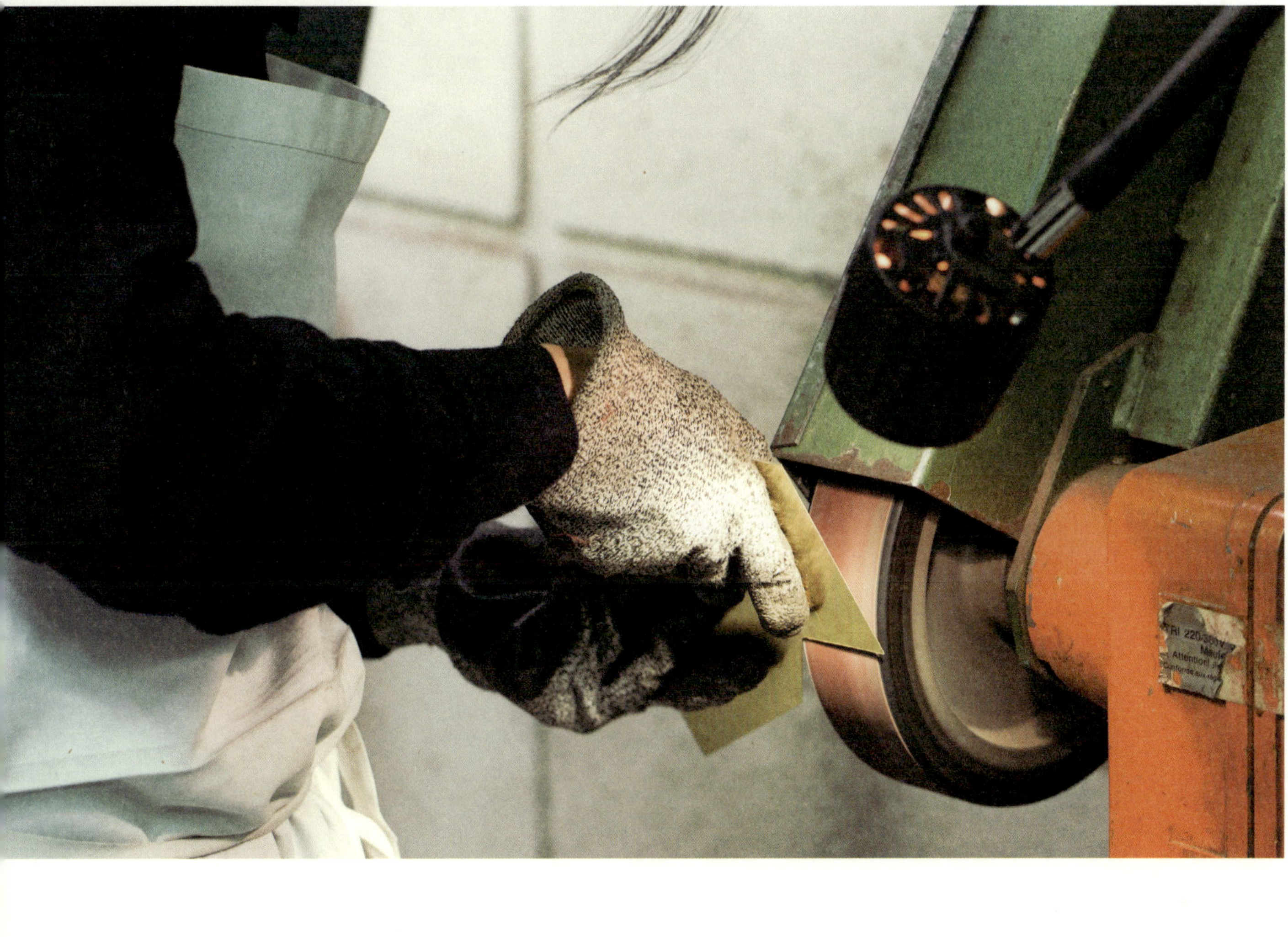

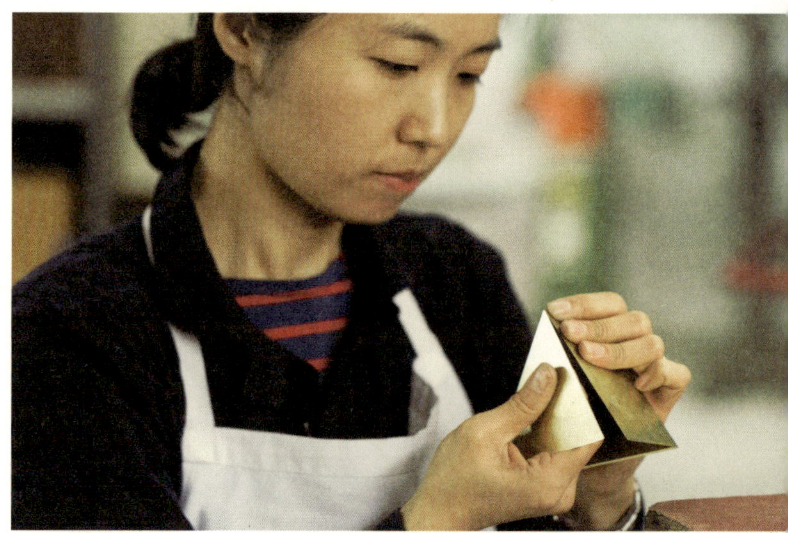

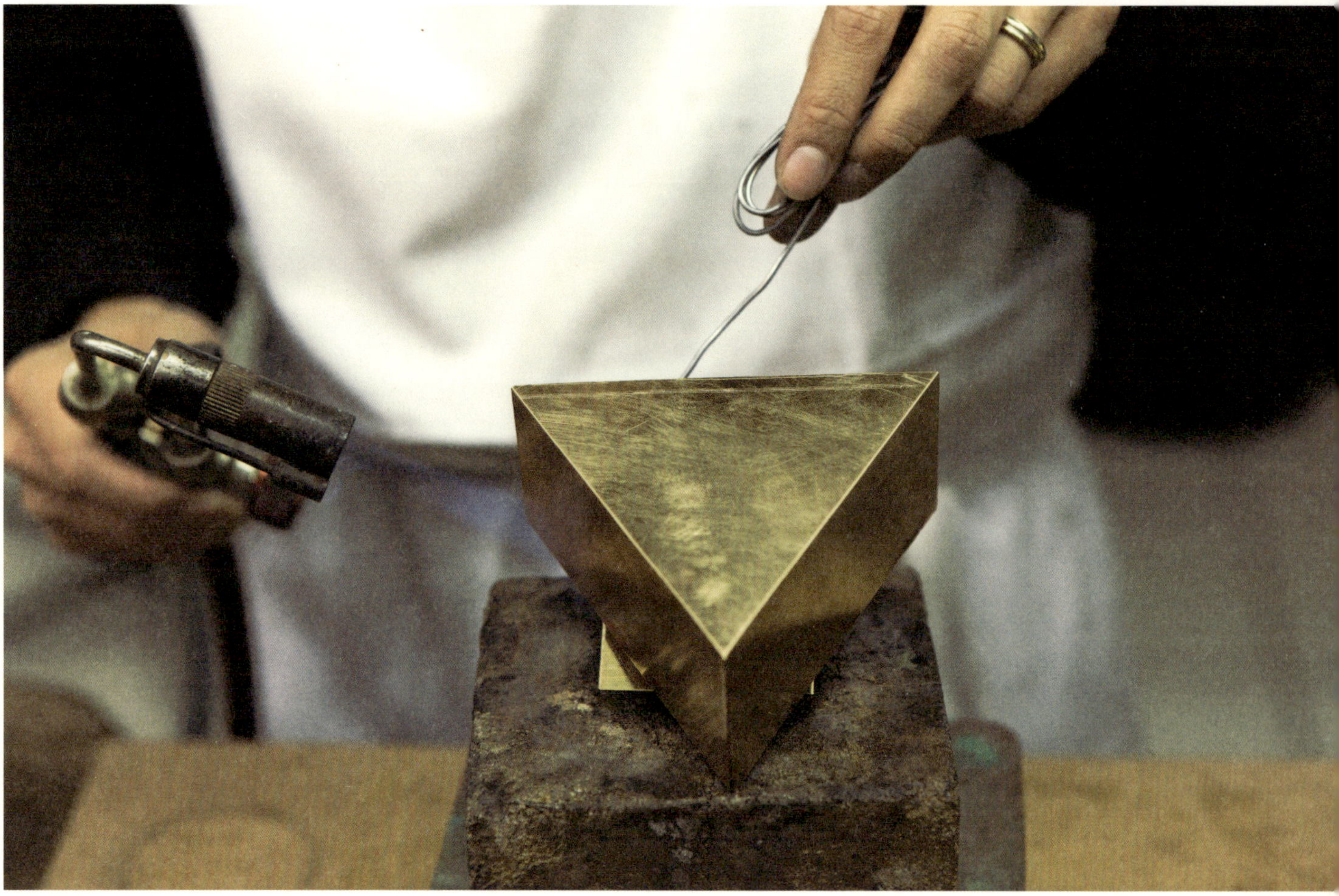

De haut en bas : Pliage d'une plaque cliqueté●
Soudure à l'étain pour assemble●
From top: Folding a sheet of brass *cliquet●*
Welding a piece together with ti●

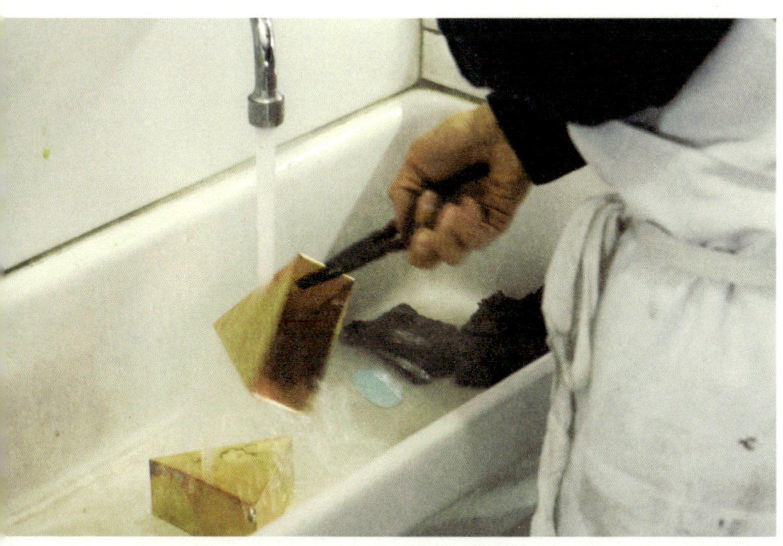

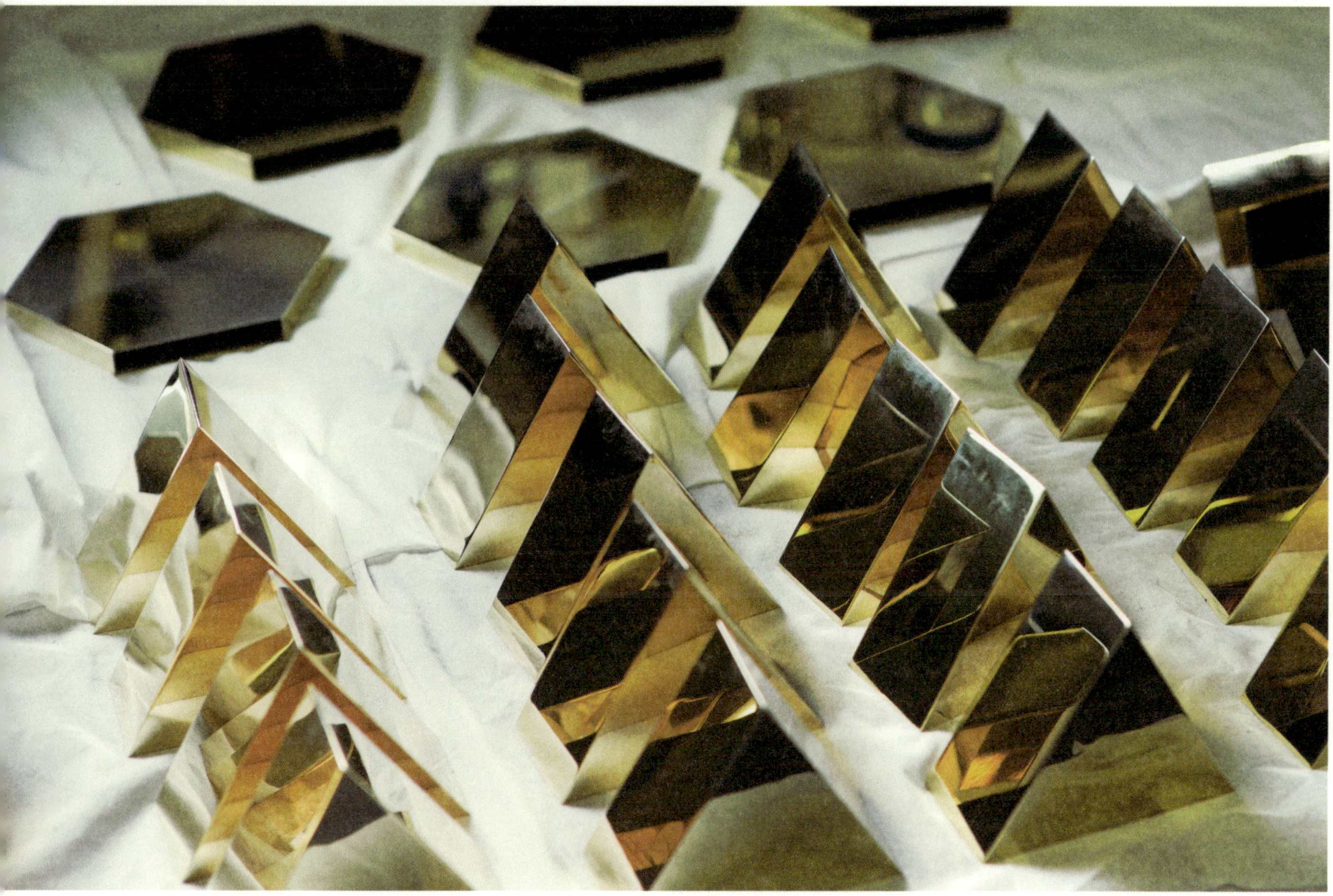

Pièces après le polissage.
Newly polished pieces.

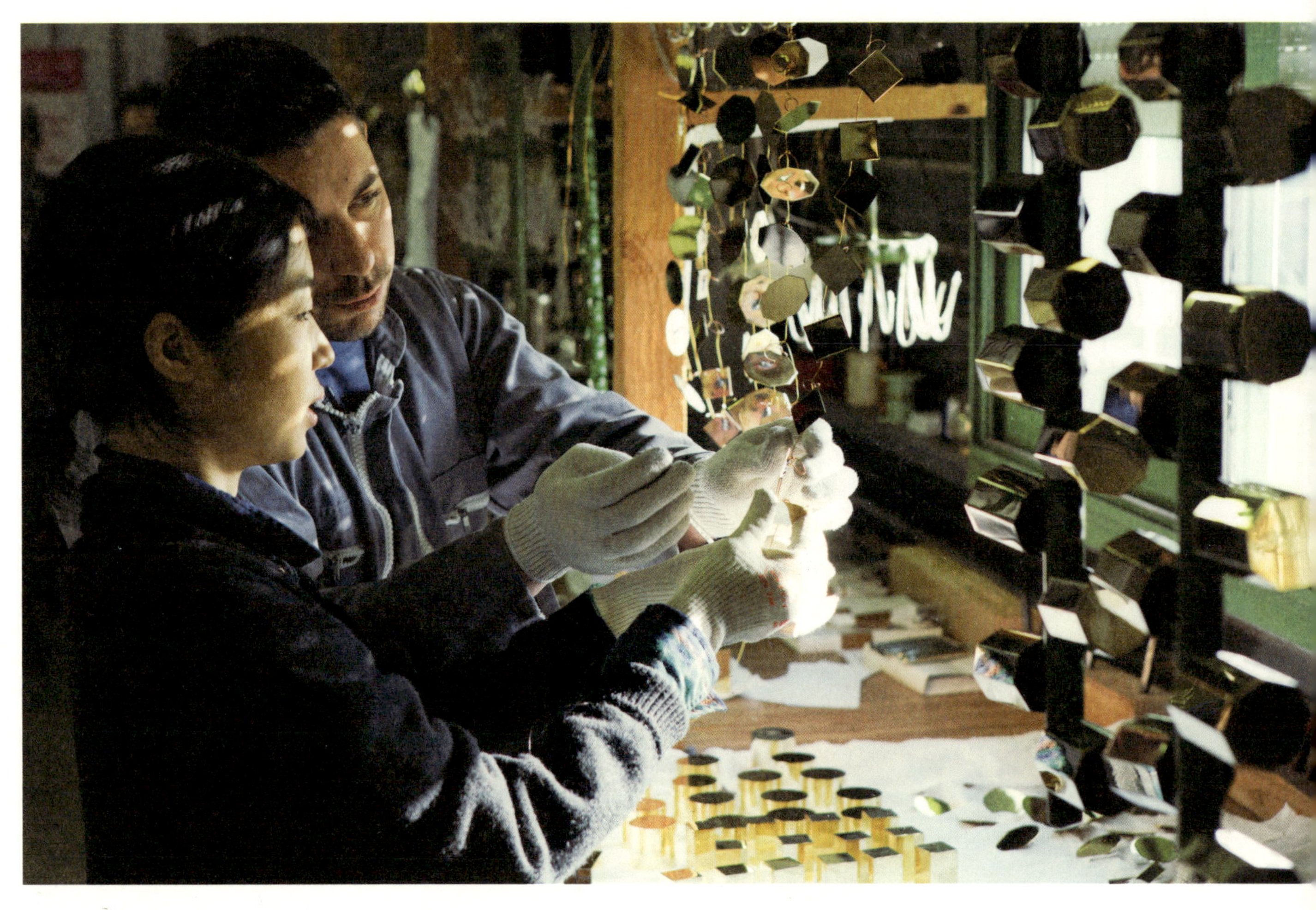

Préparation à l'argentu
Argenture. Il faut compter une quinzaine d'étapes dans les différentes cuves pour obtenir, au final, une argenture de quali
Preparing the pieces for silverir
Silvering. It takes about fifteen different phases in the various tanks to obtain a quality resu

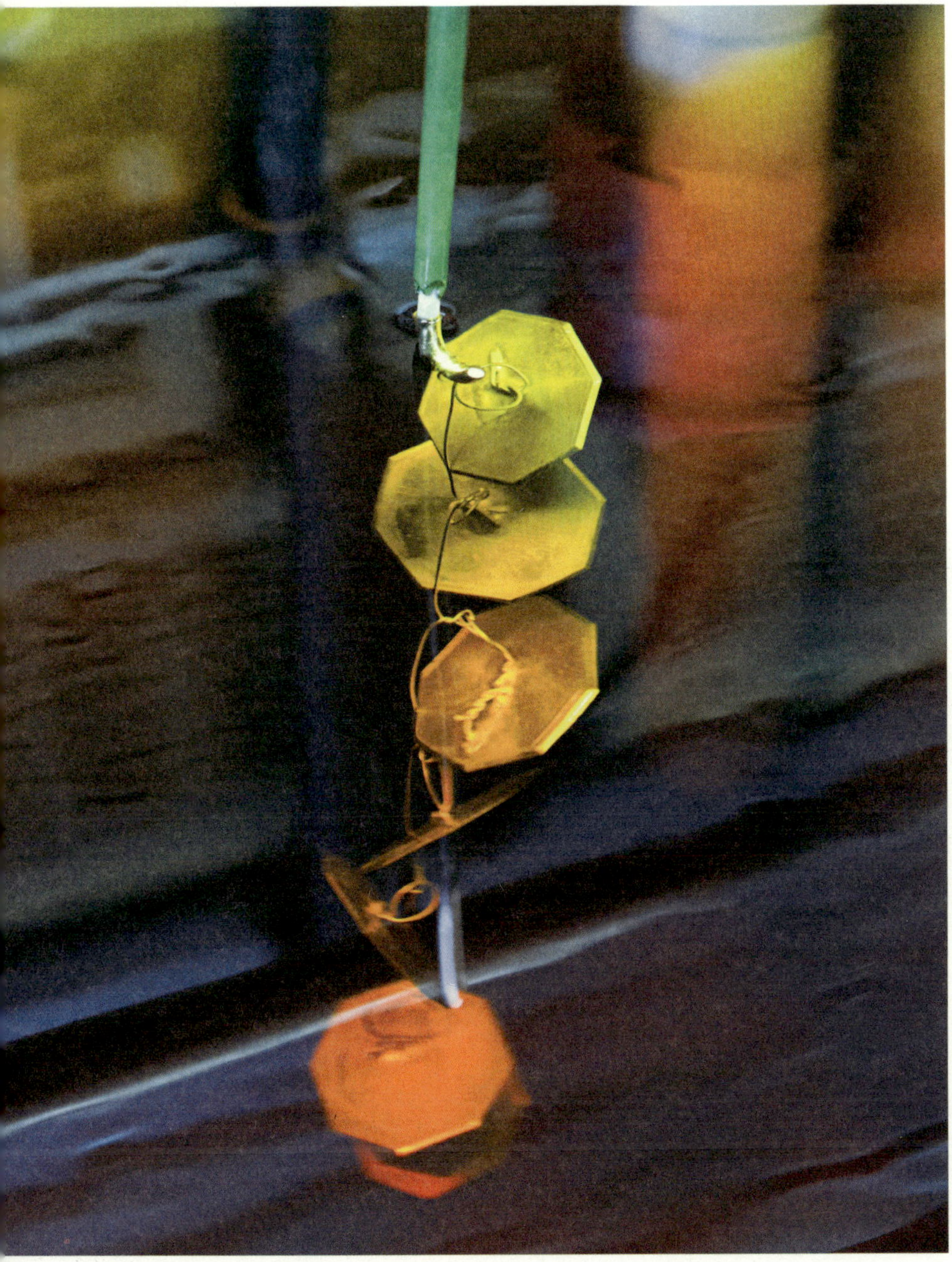

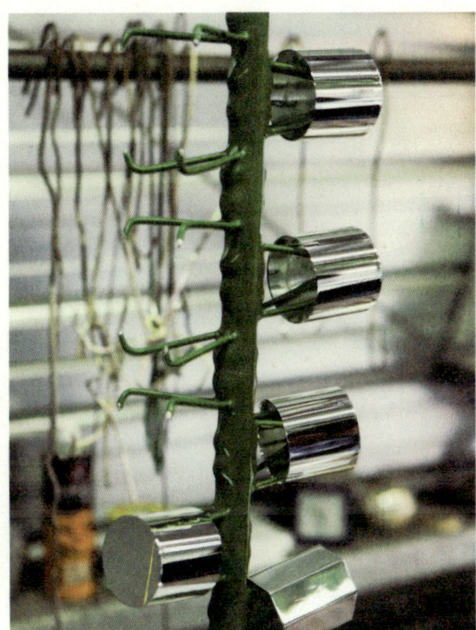

Plaques ajustées dans le bain de l'argenture.
Plates in the silvering tank.

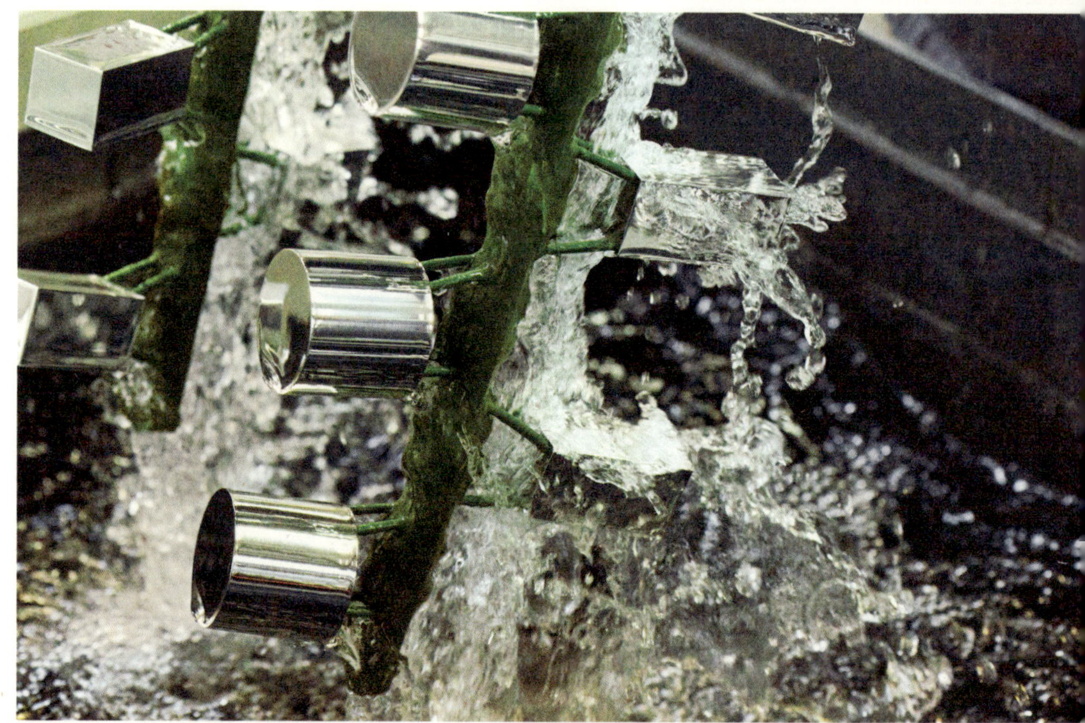

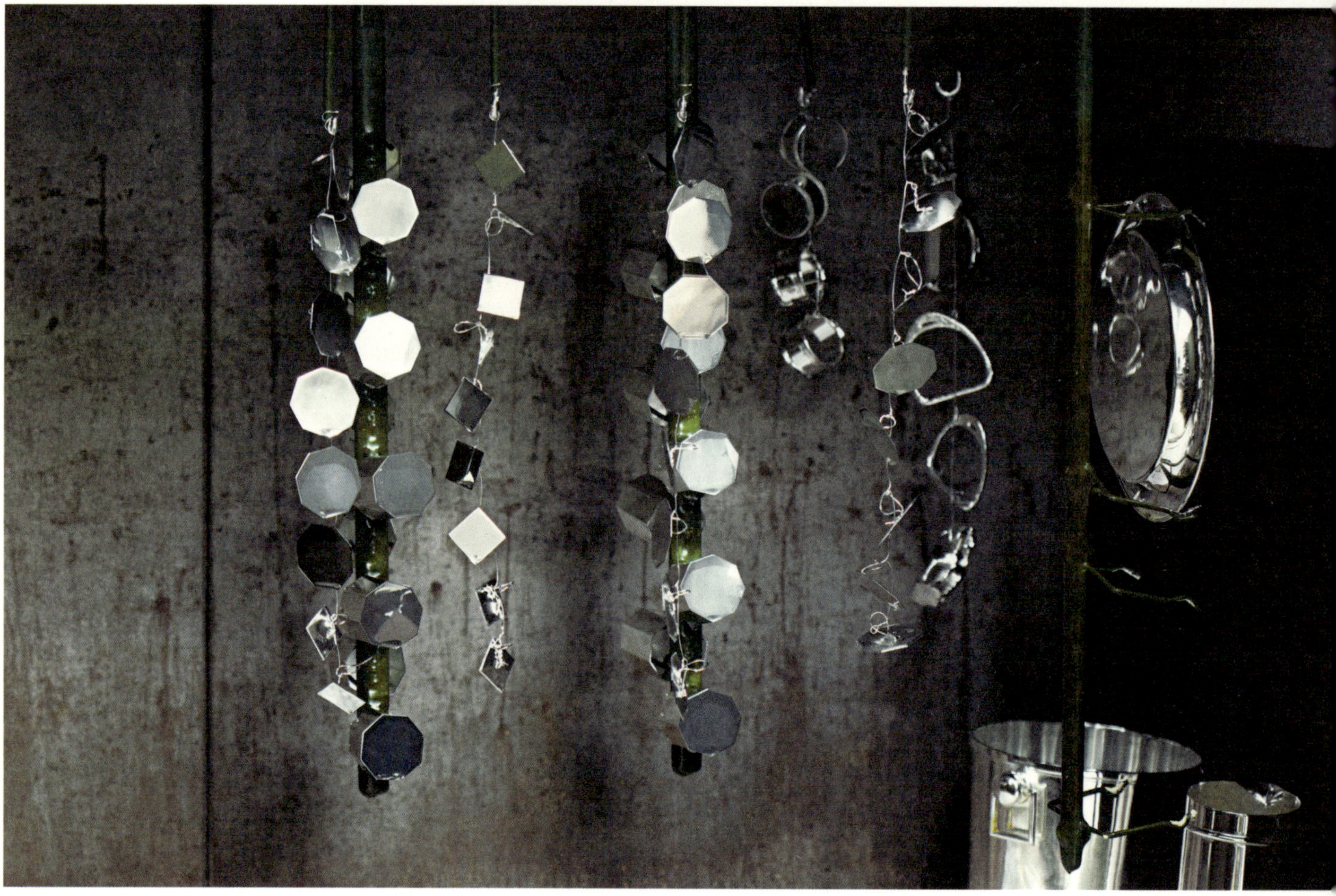

Rinçage et séchage après l'argenture
Rinsing and drying after silvering

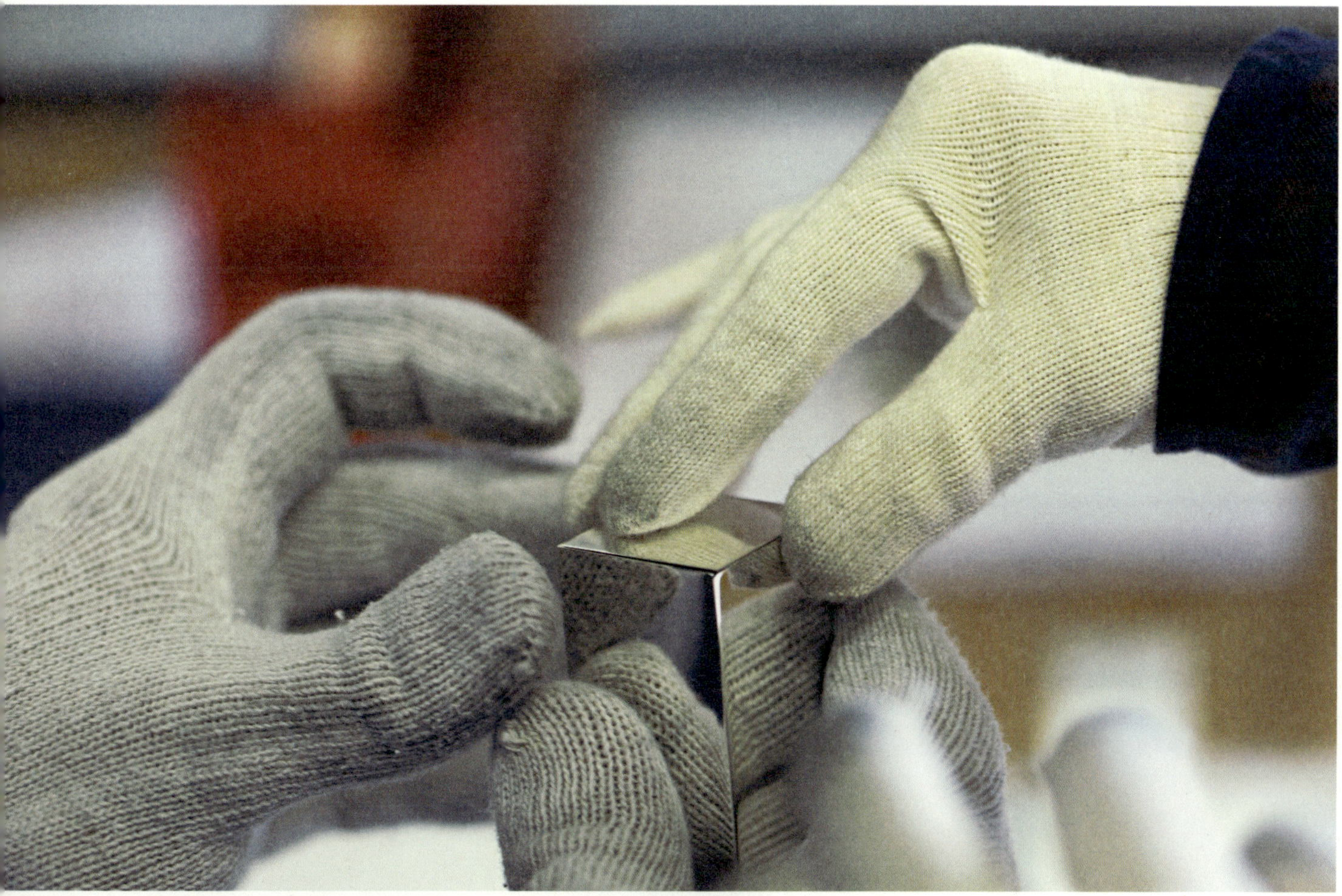

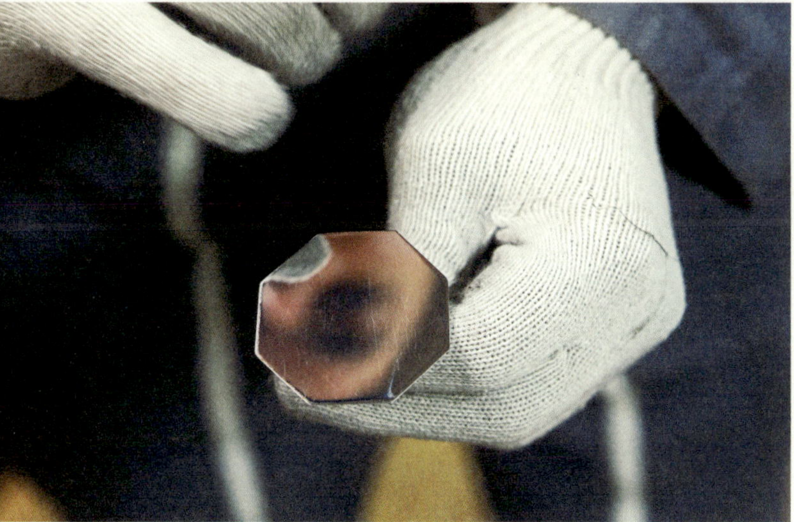

ollage d'une plaque carrée sur une pièce en parallélépipède rectangle pour obtenir une pièce entière.
luing a square plate onto a parallelepipedic form to complete the piece.

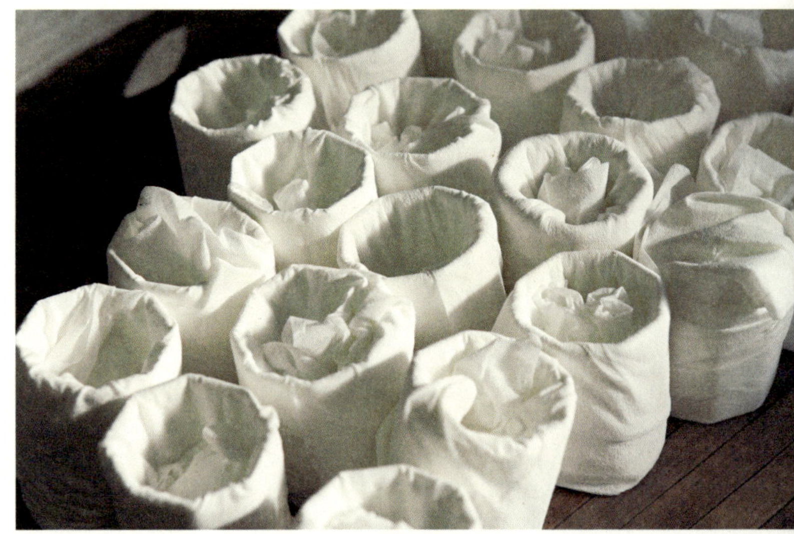

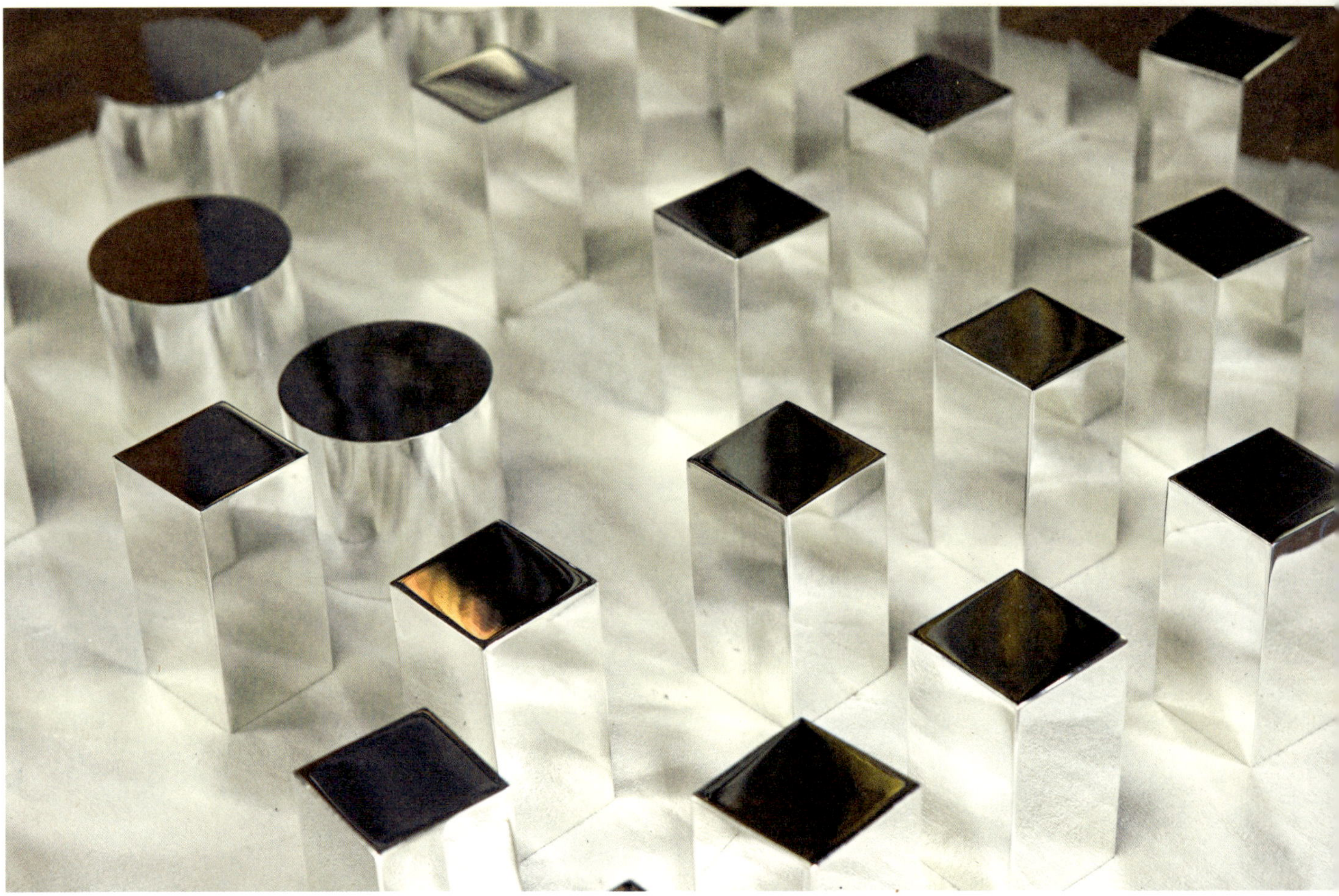

Page de droite : Projet modulable. Mes pagodes sont constituées avec ces modules variables.
Ces éléments ne sont pas collés entre eux, si bien que la composition de la pagode peut changer indéfiniment.
Right-hand page: Modular project. My pagodas are built with these variable modules.
These elements are not glued together, which means that you can keep changing the composition of the pagoda.

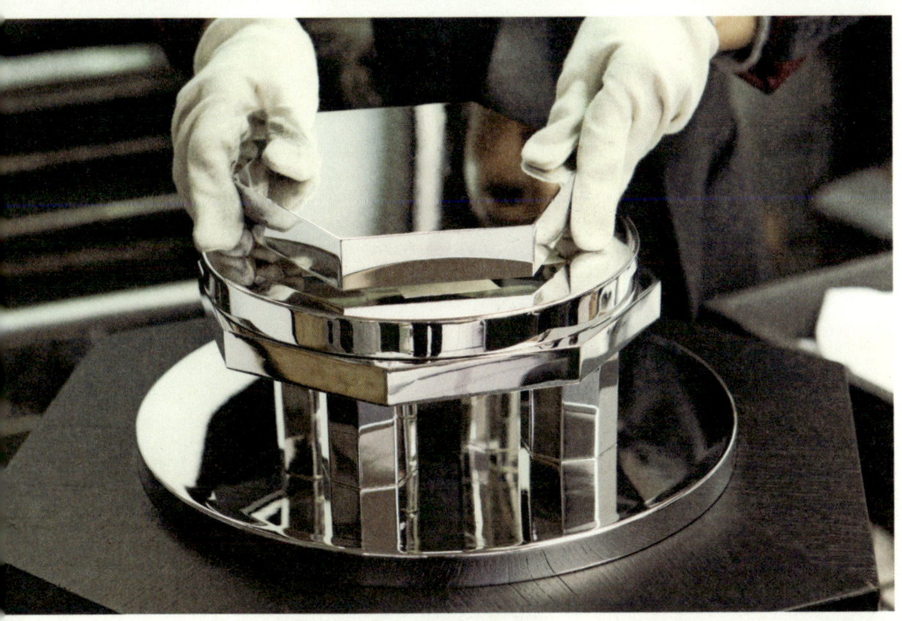

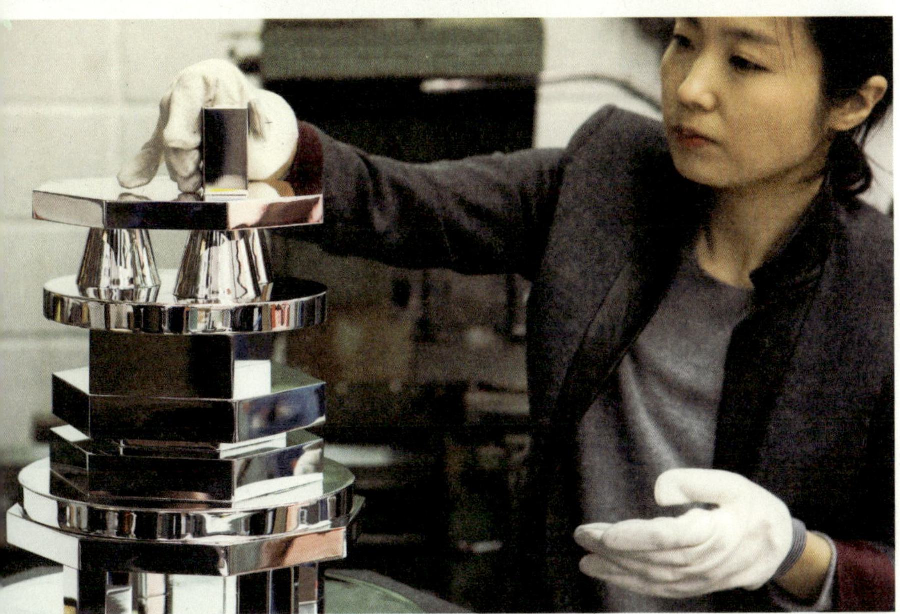

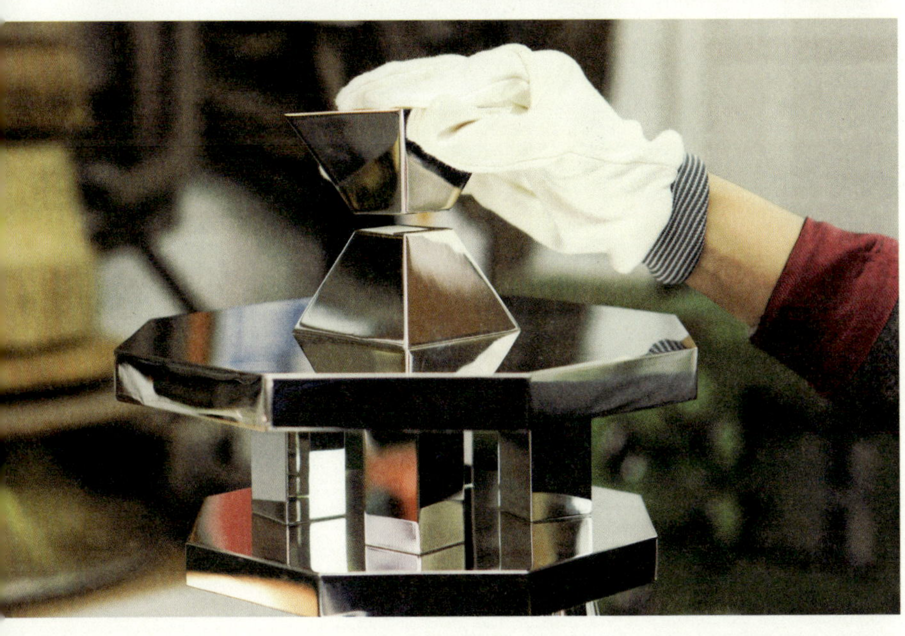

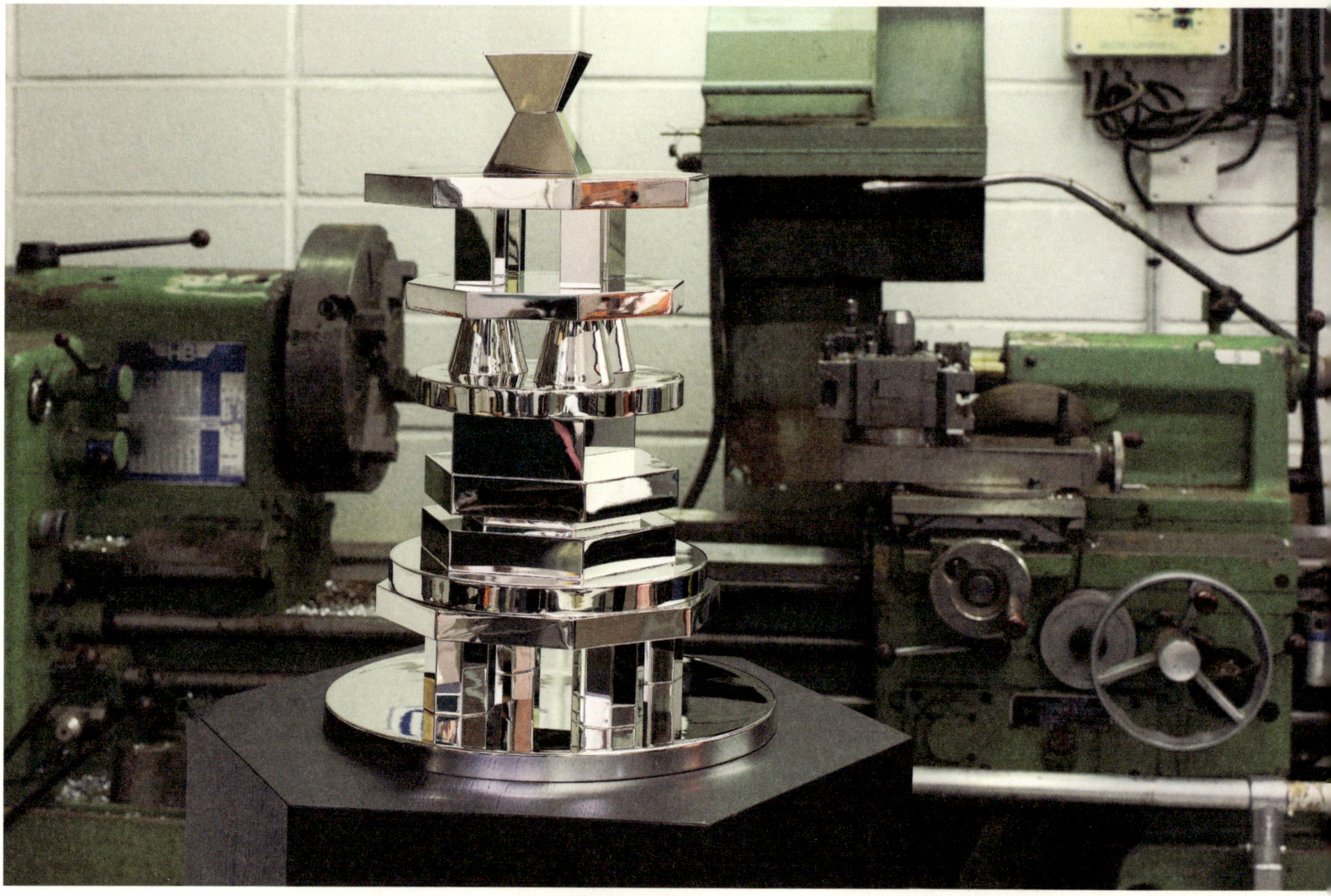

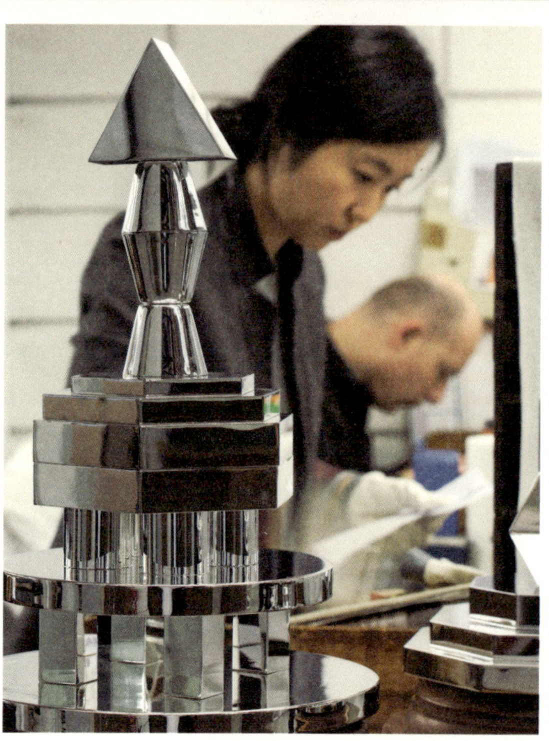

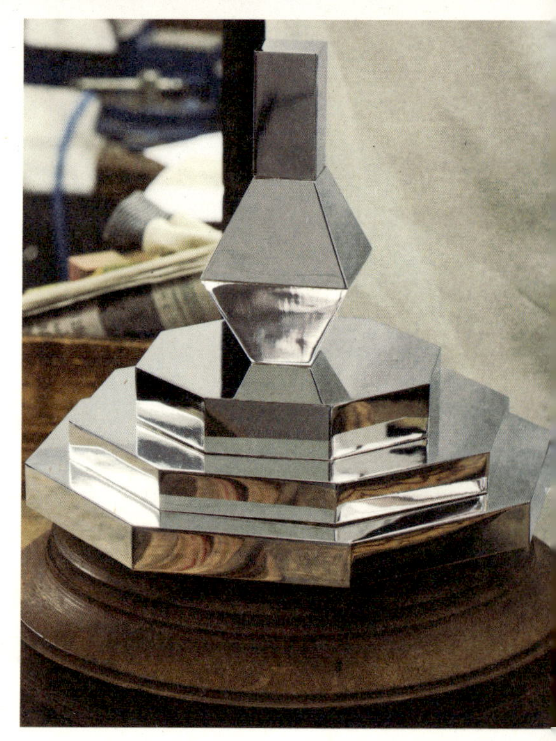

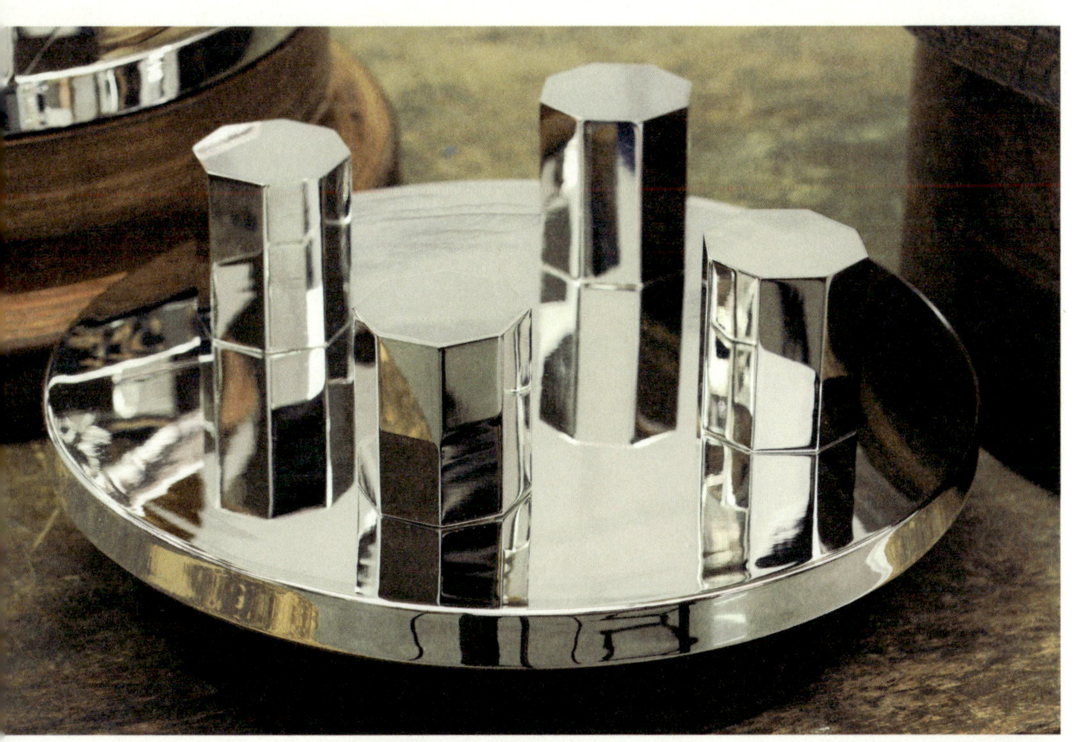

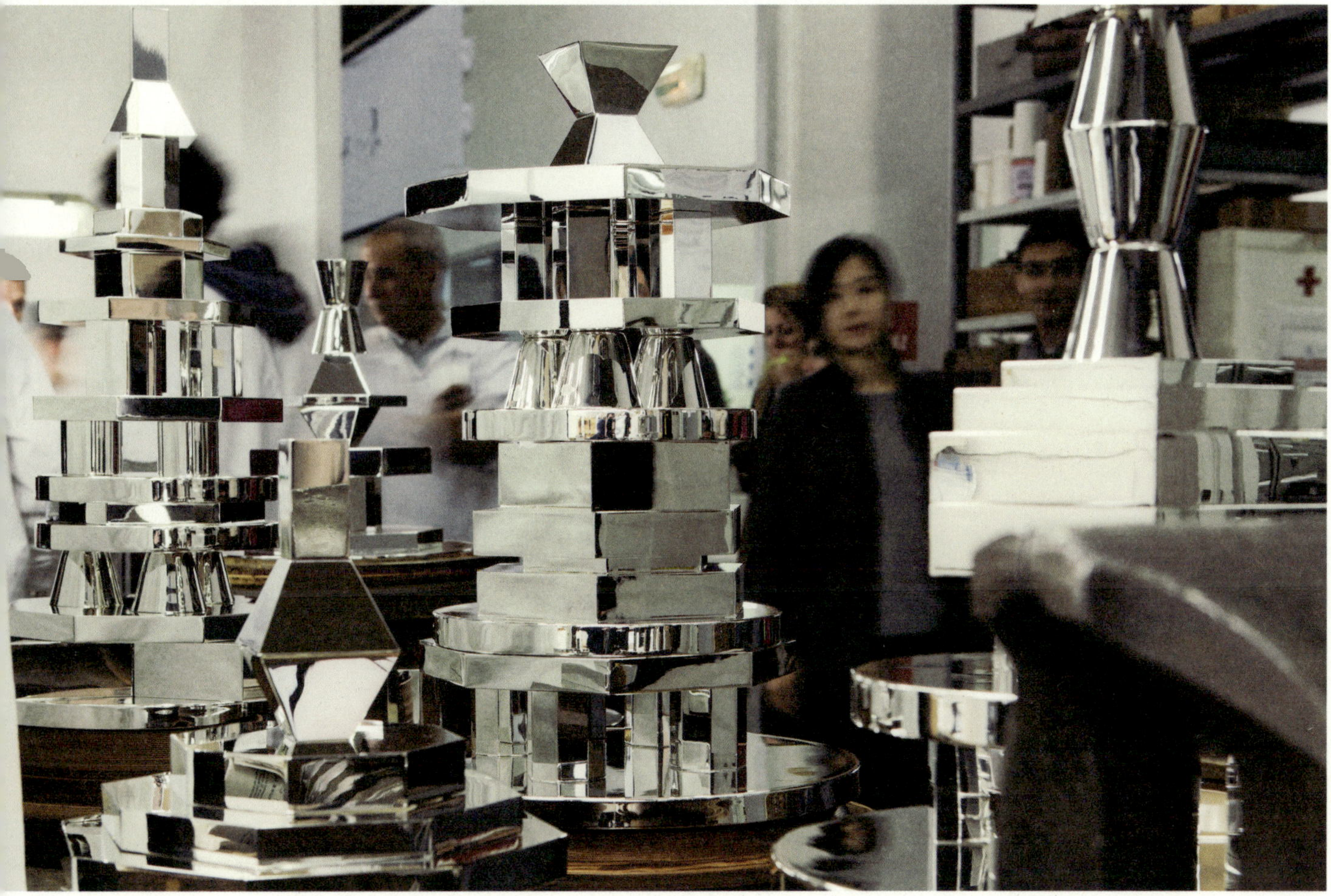

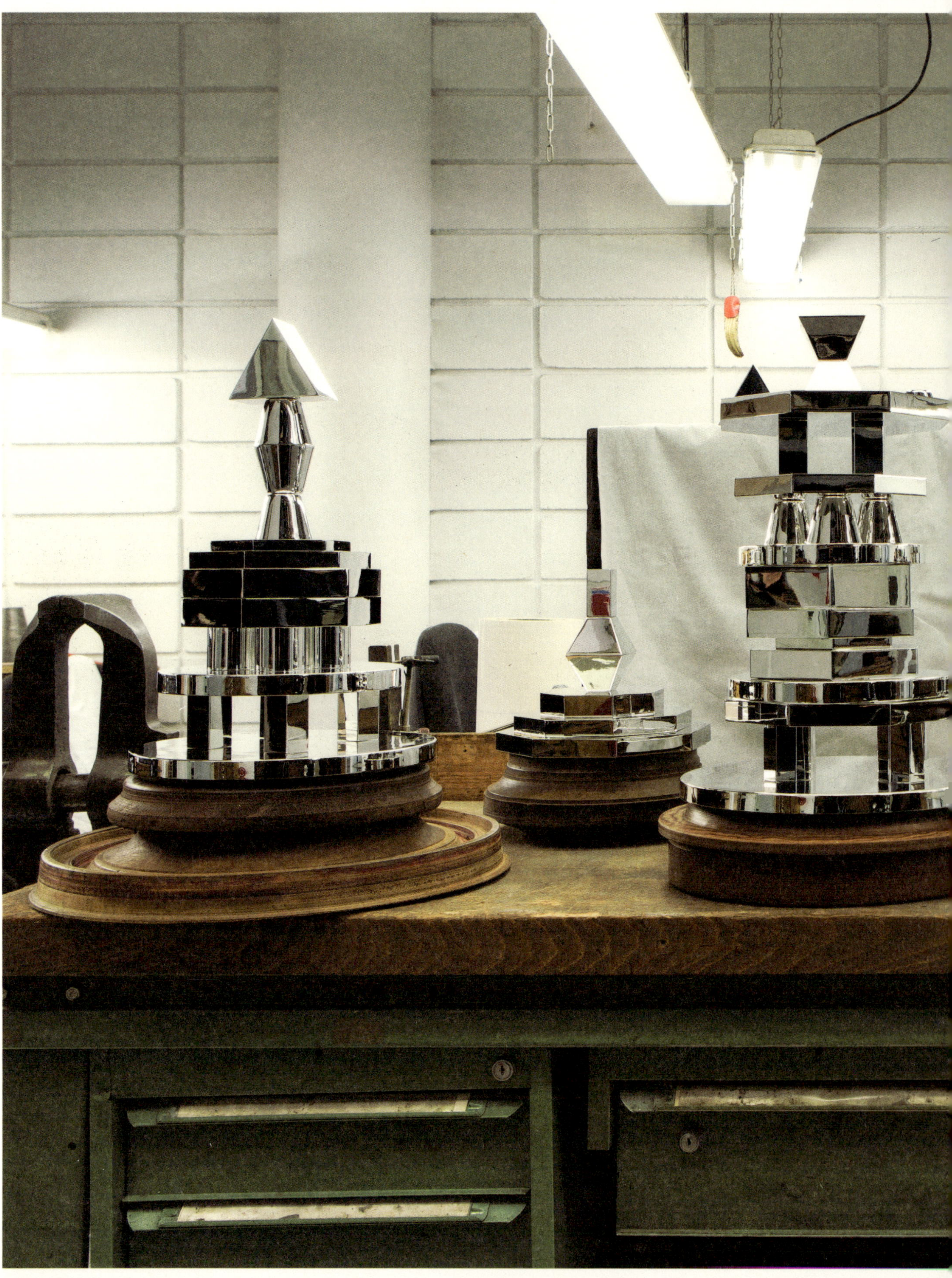

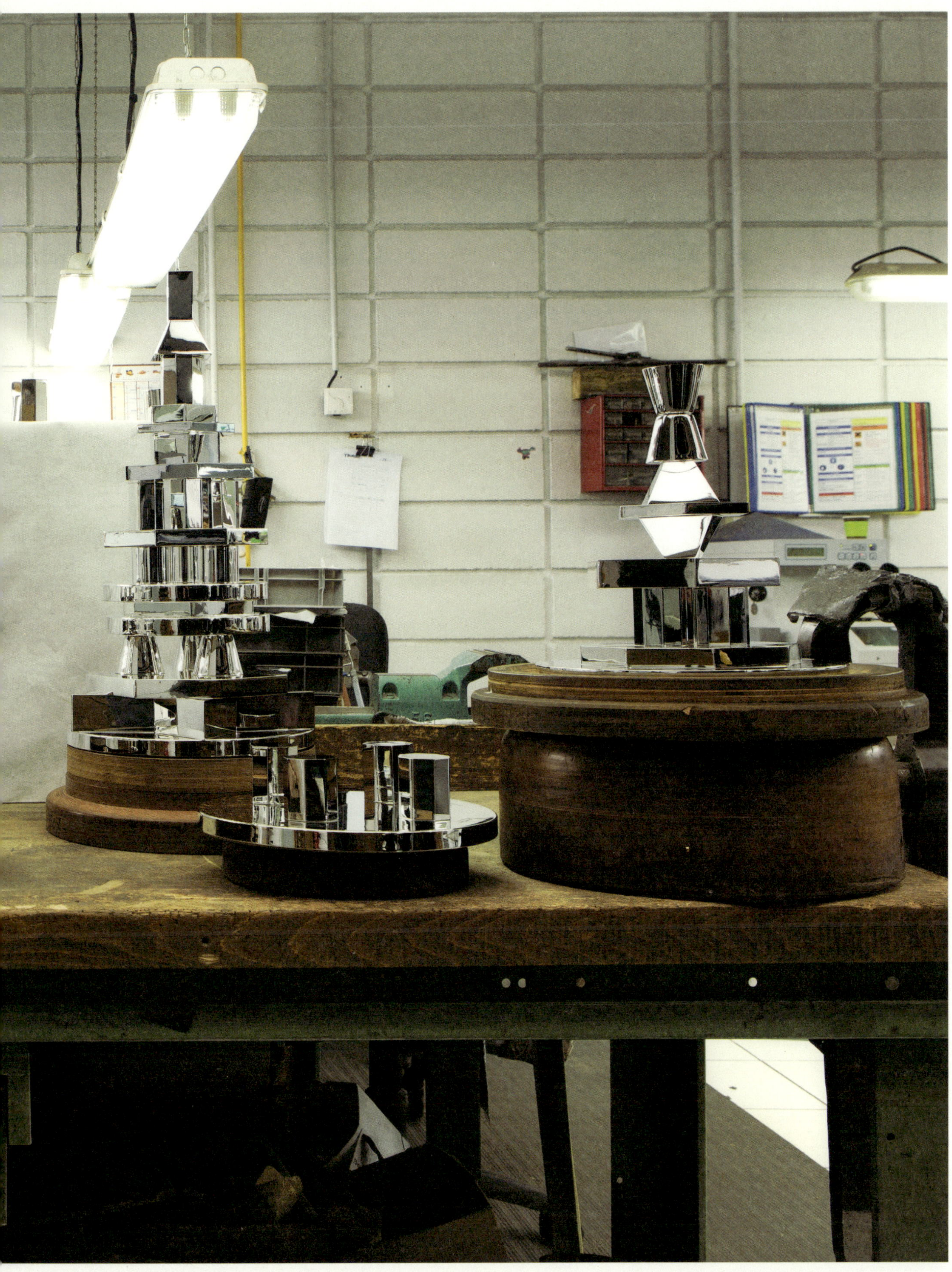

Fragments of Silver as Tokens of Happiness

Clément Dirié

1. With Félix Pinquier at the Maroquinerie de Belley, Oliver Beer at Cristalleries Saint-Louis, and Andrés Ramirez at Les Ateliers AS, Oh You Kyeong took part in the third edition (2012) of the Hermès Foundation artists' residencies, a programme initiated in 2010 in order to give young artists access to rare materials and specialist craft techniques. In its four years of existence, the programme has hosted sixteen artists. An exhibition documenting these residencies is being held in 2013 at the Palais de Tokyo, Paris.

2. The quotations all come from an interview with the author in January 2013.

3. In 2011 Puiforcat hosted Marine Class during the second series of artists' residences under the Hermès Foundation programme. See the catalogue published on this occasion, Actes Sud, Arles, 2012.

Less than a month before the end of her residency, in January 2013, Oh You Kyeong seemed to be living to the rhythm of the Puiforcat workshop, fully integrated. Stationed at her workbench, each day she made more of the many pieces that would combine together to form her *Pagodes de la Lune*, the work resulting from her participation in the Hermès Foundation residency programme.[1] Matched in accordance with their form or state of advance, spread around different workshops, her pieces occupied almost every space in the manufacture, where they awaited chasing, polishing or silvering. And waited, also, to be brought together in that architecture of light conceived by the artist, a landscape of geometrical forms with shifting reflections. For the time being, though, the dozens of pieces cohabit on shelves and work surfaces – sometimes even on the floor – with plates and trays, drinking cups and flatware made by the artisans in the workshop, following a tradition that dates from the early nineteenth century. By reprising the vocabulary and production techniques of this manufacture of fine silver, Oh You Kyeong's work naturally aligns itself with this heritage while revisiting it through the practice of a contemporary artist. *Les Pagodes de la Lune* thus constitutes a fusion of artisanal skill and artistic creativity, between a tradition that is centuries old and a visual vocabulary inherited from minimal art, between western culture and Asian civilization – a fusion that her identity as a Korean artist in residence on a site symbolic of French excellence made inevitable: "I wanted to make this work a meeting point between the cultural, creative world of Puiforcat and my own heritage, my way of envisaging and practising art," she explains.[2] Mentored by Giuseppe Penone, with whom she studied at the Beaux-Arts in Paris, at Puiforcat Oh You Kyeong conceived a work that is at once fantastical and minimal, sacred and playful.[3] By virtue of its material, for one thing, it occupies a singular position in the corpus of this artist whose work usually dwells on the ephemeral nature of the fragile everyday objects that it uses.

During the immersion phase, in July 2012, Oh You Kyeong began by familiarizing herself with Puiforcat know-how and the silversmithing techniques in use there: graving, chasing, polishing, planishing, brightening and spinning. All were required in the making of her work. She also used this period of discovery to explore the manufacture's archives, and in particular the dozens of notes, sketches and drawings left by Jean Puiforcat (1897–1945), the great-grandson of the founder, under whose artistic leadership the firm entered the world of modern design in the 1920s and 30s, revitalizing its nineteenth century heritage.[4] A founder member of the Union des Artistes Modernes, Jean was also a distinguished maker of silverware for religious use, and presented liturgical objects at the decorative arts fairs of the 1920s and at the Exposition Internationale des Arts et Techniques dans la Vie Moderne (International Exposition dedicated to Art and Technology in Modern Life) in 1937. This detail is important when it comes to understanding *Les Pagodes de la Lune.*

In October 2012, after the definition phase, making models of the project in cardboard and paper, Oh You Kyeong moved into the heart of the workshops, where she stayed until February 2013. Given the extreme precision required by silver-working techniques, she first had to define each piece in a series of technical drawings representing it from every possible angle. Then the real production phase could begin, involving 108 pieces inspired by geometrical forms, all with uniform, smooth surfaces, quite devoid of decoration or stylistic effects. These pieces take the form of cubes, shorn pyramids, polygons (hexagons, octagons), columns and rectangular bases. Between 2 and 10 centimetres tall and 3 and 34 centimetres wide, they are conceived to be combined in accordance with a modular principle of equivalence. When stacked, they reach a maximum height of 60 centimetres and form a set of six constructions that can be presented on wooden supports from the Puiforcat workshop, or on dark pedestals that highlight their brilliance and unreal, floating character. However, unlike the Puiforcat designs whose appearance and manufacturing techniques they echo, the pieces in *Les Pagodes de la*

4. Founded in Paris in 1820 by Émile Puiforcat, this family firm originally specialized in flatware but moved towards *haute orfèvrerie* (fine silver and gold) in the late nineteenth century. Puiforcat became part of the Hermès group in 1993.

Lune offer a highly contemporary rereading of Jean Puiforcat's work on form, which they extend and radicalize. As is her wont, Oh You Kyeong has created "modules" with a minimalist aesthetic, generic forms similar to the ones she regularly brings into play in her installations and sculptures. However, this residency did change her visual vocabulary in that most of her previous works were made in fragile materials of no great quality, such as paper and plastic, materials that are radically different from the silver that is magnified by the shining sides of the pieces gathered together here.

The minimal, architectural and modular character of the *Pagodes de la Lune* places this work in line with the artist's previous works, whereas its precious appearance and its size – which is rather modest by comparison – seem, on the contrary, to be new aspects. For if an emblematic work such as *Created Mountain II* (2010) also deploys a play on number and identity, its material and dimensions differ from those of the work made at Puiforcat. Comprising thousands of paper cups, laid out like an archipelago of more or less extensive islands, this "makeshift" installation invites the visitor to walk through a shifting, surprising landscape in which repetition becomes accumulation, proliferation and energy.[5] In *Dreamlike* (2011), hundreds of ping-pong balls, as spotless as the cups in *Created Mountain*, draw a landscape that is simultaneously playful and dreamlike, a sky of clouds thanks to which, once again, Oh You Kyeong transfigures an everyday object.[6] With *Les Pagodes de la Lune*, the landscape imagined by the artist is experienced in a more limited framework, that of garden of contemplation and miniatures. A scale experienced before in *Paper City* (2011), an ephemeral city made up of dozens of blocks of sheets in A4 format.[7]

But, in the centre of *Created Mountain*, Oh You Kyeong placed a gilded Buddha, an almost invisible sculpture, a twofold evocation of the precious and the spiritual, two recurring notions in the artist's work, also present in *Les Pagodes de la Lune*. The latter does, effectively, superpose different levels of interpretation: to the playful, minimal and decorative levels is added a spiritual dimension – this association of meanings recalls the approach initiated almost a century ago by Jean Puiforcat with his liturgical objects. Obviously, the architectural form of the pagoda,[8] with its sacred connotations in Asian religions such as Buddhism and Shintoism, constitutes

5. Oh You Kyeong regularly uses materials and objects that are ordinary, perishable, from everyday life. For *Auto-performance* (2008), she used bin bags; the installation *Created Mountain I* (2008), was made of balloons.

6. In other works, this process of transfiguration, or even rehabilitation, concerns abandoned, damaged objects on which the artist bestows a second life: a chair found in the street in *A High Place* (2006), old paper in *Memory of Traces* (2009).

7. Other installations by Oh You Kyeong also play on these notions of modularity and landscape by integrating extra factors: time, the ephemeral, and metamorphosis. For her *Flour World/Flower Project* (2012) she created a structure on the floor made up of a larger number of geometrical modules in flour, which in the end she assembled in an organic pile. In *Cuvement (Cuve + Movement)* (2007) she placed a fan opposite a "mountain" of 3,000 paper boxes, which collapse under the pressure from the air, and are constantly in motion. Oh You Kyeong thus aims to stage the idea of "deconstruction", which is at "at once a destruction and a construction".

8. According to the Sanskrit etymology, pagoda means "goddess". Thus *Les Pagodes de la Lune* are at once scaled-down architecture and votive sculptures.

a basic evocative factor, to which the artist has added a more vernacular
dimension. During a journey to Tibet and Ladakh, which made a deep
impression on her, she was intrigued by the piles of natural stones placed
along the roadsides to guarantee safety and happiness. They had the richly
experiential, human dimension that is such a distinguishing feature of her
sculptures. The long work of crafting silver that it takes to make these is also
something that Oh You Kyeong likens to a sacred practice of communion
with matter. The use of fire no doubt plays quite a role in this, too.
Finally, her concern to create work that is not frozen but constantly moving,
while certainly grounded in the heritage of minimalism, also implies
a particular way of relating to the world. A sculpture of movement – the
mirror-like faces of the pieces reflect and break down their environment in a
kinetic way, in accordance with the viewer's movements – *Les Pagodes de la
Lune* takes into account the mobility of things, the cycle of life and the passing
of time, notions which are embodied here by the metaphor of the silver moon.[9]
Referring to shamanism and – in the tradition of Joseph Beuys – the vision of
the artist as therapist, Oh You Kyeong sets great store by materials as vectors
of energy and meaning: "I believe in the social role of the artist, that artists
must care for society by their creative activity. I see objects and the world as
sources of energy and I try to go beyond simple looking to metamorphose
them in a poetic way."[10] In *La Chaise de sel* (2006) she covers a broken chair
with salt as a symbol of purification, protection and rebirth. For *Branche guérie*
(2004) she wrapped a dead tree in hemp, the material used to cover the dead
in Korea. With the ensemble she has created at Puiforcat, she displaces the
use of techniques and materials related to the domestic and decorative worlds
towards the spiritual and the sacred in a new action of transfiguration.

A work of contemplation and mystery, *Les Pagodes de la Lune* holds up
a fascinating and kindly mirror to viewers who try to understand the secret
of their making and their meaning, and possibly to interchange the pieces,
to assemble "the parts of the pagoda like the words of a poem". Resulting from
an alchemical process which transforms thought into silver, they are more than
just the end point in a productive process, for they now expand into multiple
universes, bringing happiness and safety to all those who approach them.

9. "According to certain
traditions, silver is the metal
of the Moon because of the
resemblance between its
bright colour and the colour
of the Queen of the Night.
In addition, silver has a spiritual
connotation: it symbolizes
divinity, charity and peace,"
Oh You Kyeong points out.

10. This vision is shared by
the artists of Arte Povera,
a movement to which the work
of Giuseppe Penone, mentor of
Oh You Kyeong's residency, can
in many respects be affiliated.

Une publication/Published by
Actes Sud/Fondation d'entreprise Hermès

FONDATION D'ENTREPRISE HERMÈS
Président/President : Pierre-Alexis Dumas
Directrice/Director : Catherine Tsékénis
Responsable éditorial/Editorial manager : Frédéric Hubin
Chef de projet résidences/Head of project : Clémence Miralles-Fraysse

ACTES SUD
Conception graphique/Graphic design : Raphaëlle Pinoncély
Correction/Copy editor : Aïté Bresson (français), Bronwyn Mahoney (anglais)
Traduction/Translation : Charles Penwarden
Fabrication/Production : Géraldine Lay

Texte/Text : Clément Dirié
Légendes du portfolio/Portfolio's captions : Oh You Kyeong
Photographies/Photographs : © Tadzio, 2013

Le DVD qui accompagne cet ouvrage vous est offert.
Il présente un film réalisé par Frédéric Fiol,
production exécutive No One, Jean-Paul Boucheny.

The complimentary DVD accompanying this book
presents a film directed by Frédéric Fiol and
produced by Jean-Paul Boucheny (No One Productions).

La Fondation d'entreprise Hermès remercie Oh You Kyeong
et son parrain Giuseppe Penone ainsi que les personnes ayant facilité
le bon déroulement de la résidence : Hélène Dubrule,
président de Puiforcat, Jean-Pierre Besse, directeur des opérations,
Agathe In, directeur de marque, et toutes leurs équipes.

The Fondation d'entreprise Hermès would like to thank Oh You Kyeong,
her mentor Giuseppe Penone and everyone who contributed
to the smooth running of the residency: Hélène Dubrule, President of Puiforcat,
Jean-Pierre Besse, Industrial Director, Agathe In, Brand Manager, and all their teams.

Ouvrage reproduit et achevé d'imprimer en 2013
par l'imprimerie EBS à Vérone
pour le compte des éditions Actes Sud
Le Méjan, place Nina-Berberova, 13200 Arles
Ce livre ne peut être vendu séparément.

Dépôt légal
1re édition : juin 2013
ISBN 978-2-330-01930-3

© Actes Sud/Fondation d'entreprise Hermès, 2013
www.actes-sud.fr
www.fondationdentreprisehermes.org

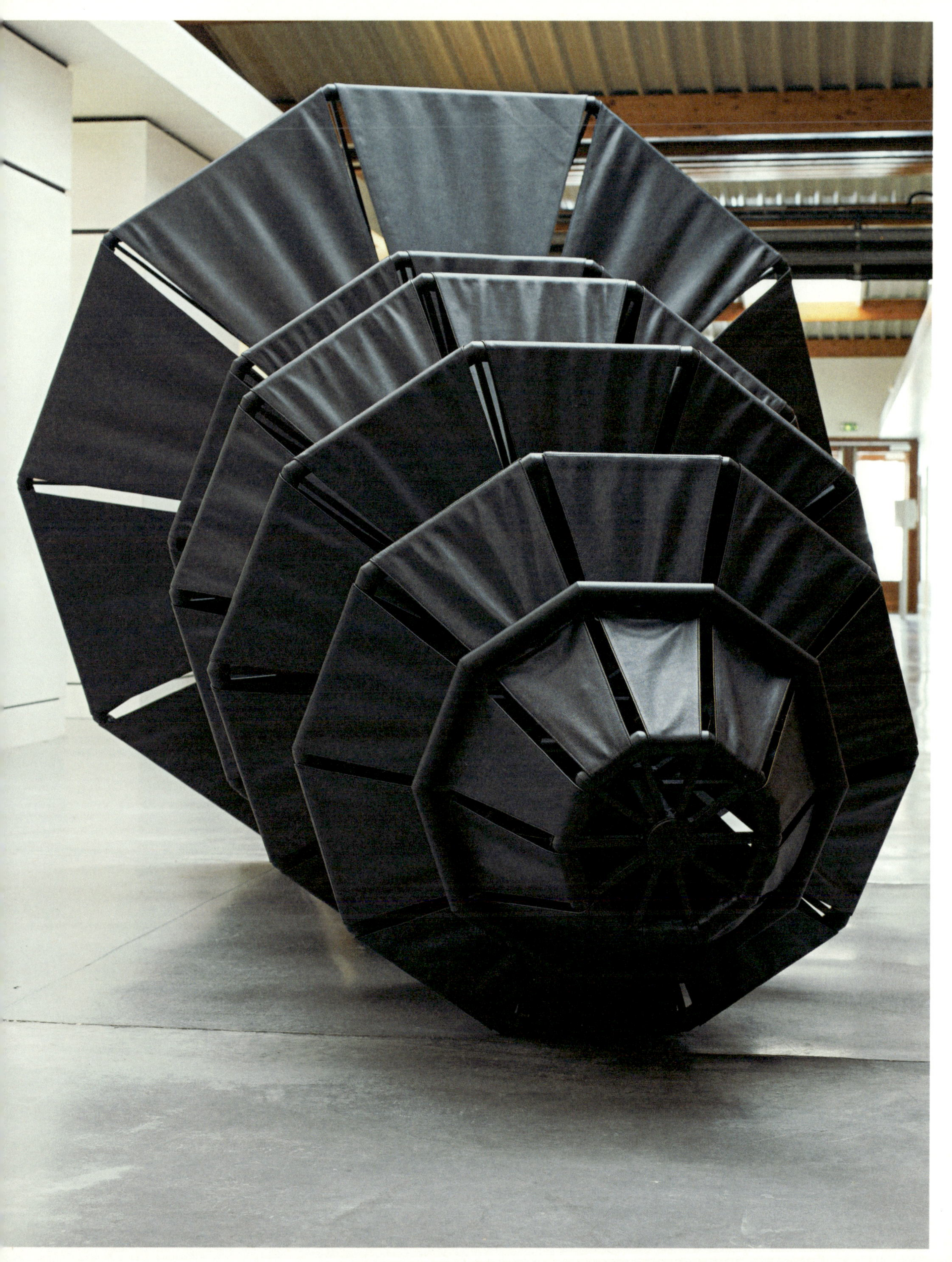

Cahier de résidence

Félix Pinquier

à la Maroquinerie de Belley

sous le parrainage de Richard Deacon

ACTES SUD | FONDATION D'ENTREPRISE HERMÈS

Le silence éloquent de la sculpture

Clément Dirié

En la découvrant, en vous en approchant, selon que vous êtes mélomane ou formaliste, vous n'envisagerez pas de la même manière la sculpture créée par Félix Pinquier dans le cadre des Résidences d'artistes de la Fondation d'entreprise Hermès[1]. Ou bien, si vous êtes sensible aux synesthésies, une troisième manière – complètement en accord avec le souhait de l'artiste – vous permettra de l'appréhender comme cet objet hybride, à la fois réceptacle et outil, forme et instrument, volume et partition. Clé d'interprétation de *Station*, le processus synesthésique fascine en effet le sculpteur pour qui la spatialisation du son constitue l'un des domaines de recherche privilégiés. Il explique son intérêt pour ce phénomène neurologique d'association des sens : "Dans certaines des expressions de la synesthésie, des stimuli visuels se traduisent par des réponses auditives. Le corps indique une réponse sonore à des signaux visuels. Dans la lecture, une forme de synesthésie, un espace mental s'ouvre, une profondeur qui dépasse les simples lettres imprimées en noir sur blanc. Si je dis cela, c'est que la lecture des objets et leurs capacités de suggestion mentale sont importantes dans mon travail. J'invente mes objets au moyen d'une écriture schématique où se combinent les références à la musique, aux sons, à la sculpture, aux mathématiques, au dessin, à la poésie, à la typographie[2]…"
En vous en approchant, en l'embrassant du regard et du corps, *Station* requiert une lecture simultanément plastique et musicale, d'être à la fois mélomane et formaliste. À l'instar d'autres œuvres de l'artiste comme *Parcours* (2010), une large sculpture que sa position en porte-à-faux fige dans une apesanteur dynamique, *Station* est une structure statique exprimant le mouvement, une forme musicale au silence loquace. Un oxymore pour suggestion mentale.

Proposé par l'artiste Richard Deacon, parrain de sa résidence, Félix Pinquier a découvert l'univers du cuir à la Maroquinerie de Belley au printemps 2012[3].

1. Avec Oh You Kyeong chez Puiforcat, Oliver Beer aux cristalleries Saint-Louis, Andrés Ramirez aux Ateliers AS, Félix Pinquier participe à la troisième édition du programme des Résidences d'artistes de la Fondation d'entreprise Hermès, initié en 2010. En quatre ans, le programme, conçu pour permettre à de jeunes plasticiens d'accéder à des matériaux rares et des savoir-faire de haute manufacture, a accueilli seize artistes. Une exposition retraçant ces résidences a lieu en 2013 au palais de Tokyo, Paris.

2. Extrait d'un texte de Félix Pinquier rédigé à l'occasion de sa participation à *Panorama*, biennale de Bourges, Bourges, 2012. Toutes les citations non référencées de ce texte sont issues de conversations avec l'auteur et de textes non publiés de l'artiste.

3. Située dans l'Ain, la Maroquinerie de Belley, spécialisée dans le travail des peaux classiques, a intégré la maison Hermès en 2002.

Au sein des ateliers, il s'est familiarisé, en "formation accélérée", avec ce matériau
à la fois malléable et rigide. L'expérimentant à partir de chutes de sacs, il en a
testé les potentialités. En créant de petits objets, il a pu éprouver ses résistances
et ses réactions à différentes manipulations, essayer de le détourner de ses usages
traditionnels. L'une de ses pistes d'expérimentation fut notamment d'étudier
la manière dont le cuir peut contenir quelque chose, dont il peut devenir une
poche, notamment une poche d'air. Inspirée par la forme du soufflet – usitée
pour certains sacs à la contenance élastique –, cette idée d'enfermer l'air rejoint
l'attention de l'artiste pour le phénomène sonore – la manière dont se gonfle
une gorge, un souffle, un accordéon. Elle renvoie également aux *Aérolithes*
(2012), une série de dessins mettant en scène dirigeables et montgolfières, ces
poches d'air monumentales qui passionnent l'artiste et peuplent son univers
de papier[4]. À partir de ces essais et de cette envie – "créer quelque chose du
domaine du soufflet qui puisse être mis en action" –, un projet d'œuvre a
émergé en septembre 2012 pour une réalisation à l'hiver 2012-2013.

Comme à son habitude, Félix Pinquier est ensuite entré dans une phase de
"recherche appliquée". Grâce à la réalisation de croquis et de dessins techniques
(p. 12), il a mis au point sa "structure-sculpture". Il explique : "J'utilise des
agencements de formes qui sont le produit de schémas, de dessins ou de
constructions intuitives. Ces petits systèmes combinatoires me permettent
de trouver une dialectique propre à l'objet. Ces opérations se rapportent
à des notions de rythmes, de déplacements, de comptages ou de divisions
harmoniques. De cette façon, l'œuvre est formulée de manière intelligible avant
d'aller vers son élaboration visuelle." Cette "élaboration visuelle" est alors la
matérialisation en trois dimensions d'un principe conçu en deux dimensions
ou, pour reprendre les termes de l'artiste, d'une "partition à plat". "La partition
permet de signifier une chose à travers une réalité autre. Elle est au croisement
du visuel et du sonore. C'est un objet de rencontre entre les différents médiums
qui imposent souvent un point de vue excluant les autres." À l'image d'une
partition, *Station* ne sera pas une œuvre univoque mais bien une proposition
ouverte, sollicitant les différents sens dans un va-et-vient constant.
Si l'univers musical s'avère être si présent dans la pratique de Félix Pinquier,
cela tient également à sa formation : il est diplômé en théorie musicale et en
trompette, un instrument à vent. La majorité de ses œuvres fait ainsi référence
à la musique ou, pour être plus exact, aux processus musicaux. Il est en effet

4. Une série de dessins à
la mine de plomb s'intitule
À propos de Z, 2011-2012.
Z vaut pour Zeppelin.

5. Soulo oxooption : *Phonography*, une œuvre vidéo de 2008-2010.

6. Comme dans la série *Objets sonores* (2010), dans laquelle de multiples objets (des hélices, des ventilateurs, des roulements à billes) mettent en scène la "domestication" de l'air.

7. Dans la production de l'œuvre, cette opération s'est révélée être la plus délicate en raison de la résistance du cuir et de la nécessité de gérer les reports de tension, afin que les rubans de cuir gardent en permanence une surface homogène.

rare qu'il utilise de manière littérale la musique et les sons[5]. C'est l'une des singularités de sa pratique. Son œuvre ne met pas en scène l'univers de la musique ; elle crée ses propres instruments[6] – toujours singuliers – et son propre système acoustique, un système dont le principal activateur est l'air – celui qui passe, qu'on souffle, qui s'engouffre, qui fait vibrer. Il n'est d'ailleurs pas anodin que deux séries sur papier, dans lesquelles Félix Pinquier crée des espaces bidimensionnels mettant en scène le mouvement et le son, s'intitulent *Formes – Rythme – Points* (2010) et *Syntaxes* (2012). Ou que *Chiffres* (2009), une série de décalcomanies sur papier, figure les chiffres de 1 à 9 s'assemblant comme des notes de musique dans un système de notation inédit. La notation Pinquier.

Station se compose de onze montants en acier, d'un diamètre allant de 180 à 30 centimètres, sur lesquels dix rubans de cuir sont enlacés et tendus[7]. Comme une partition dans un orgue de Barbarie. Mesurant 220 sur 180 centimètres au maximum de sa hauteur, la structure ressemble à un gigantesque soufflet, un accordéon de dix décagones reliés par un axe central. Elle est un lieu de passage, pour l'air, le regard et la matière. De profil, elle s'assimile à une portée dont les notes joueraient un crescendo harmonieux. Évidemment, le choix du noir – tout en rendant cette sculpture étrange, voire "extraterrestre" – convoque l'univers des chambres musicales, qu'elles soient d'écho ou d'enregistrement – ces chambres acoustiques auxquelles les dessins de l'artiste ne cessent de faire allusion. À nouveau, Félix Pinquier travaille la matière sonore sans y recourir directement. Un texte intitulé *L'Objet du silence ou l'Inversion du problème* s'en veut le manifeste : "Je ne cherche pas à fabriquer des objets acoustiques. Je ne cherche pas à produire des illustrations musicales. Je ne cherche pas non plus à établir un système de correspondances sonores. [...] Je cherche à penser le son par son contraire. Sa présence par son absence. Aussi, mes objets sont silencieux. [...] Tenter de représenter le son par un objet ou une image silencieuse est toujours une sorte d'échec. Car le son est immatériel et l'évocation du son par la vue exclura toujours l'ouïe. Mes objets sont des énigmes sensorielles. Ils sont comme des notations qui n'ont pas d'équivalence. Les formes, les matières et les volumes sont lisibles mais leur hypothèse sonore est insaisissable. La lecture de la partition est bloquée parce que le mouvement est arrêté. Les formes sont solidifiées. Pourtant, roulements, craquements, battements, accents, alternances, échos et réverbérations émanent de ces objets. Il émerge une dimension imperceptible capable de décrire le silence. Les sculptures étendent leurs pouvoirs d'évocation. Les images mentales se font. Une nouvelle sphère de perception apparaît." À la lecture de ces lignes se comprennent l'ambition et la gageure de l'œuvre de Félix Pinquier : créer une sculpture muette que des sons, mentalement conçus par les spectateurs, peupleraient. En son temps, John Cage – figure tutélaire des compositeurs américains de musique minimale appréciés par l'artiste – créait l'œuvre *4' 33"* (1952), une partition de musique de quatre minutes trente-trois secondes de silence, propice à l'écoute des sons ambiants.

Naturellement, *Station* s'inscrit dans le répertoire des formes singulières élaborées par l'artiste. Il est sûr qu'elle ne demeurera pas longtemps isolée, qu'il saura vite l'entourer. En effet, que ce soit pour l'exposition *Environs = Surroundings* aux Tanneries d'Amilly (2011), l'installation *Relâche* (2012) ou sa participation au *Vent d'après* des Beaux-Arts de Paris (2011), Félix Pinquier aime disposer ses créations dans un espace commun. Aux Tanneries, la présentation des œuvres en extérieur, sur un plateau de béton brut, dessinait un parcours devenu paysage. Aux Beaux-Arts de Paris, les *Objets de plate-forme* étaient disposés sur un socle, comme dans un parc de sculptures. "Un espace où les objets sont des signes qui constituent une syntaxe singulière. Une lecture qui ouvre le champ des possibles[8]." Cette conception de l'œuvre comme un tout, reconfiguré à chaque exposition, lui confère une nouvelle dimension : une perspective ludique où la modularité des éléments et le fait qu'ils puissent être démontables et mobiles en font des jouets. Sans doute trop précieux et fragiles pour être manipulés mais suffisamment mystérieux pour peupler nos imaginaires. *Station* ne fait pas exception à cette règle puisque ces différentes parties – ses portées successives – peuvent être aisément reconfigurées.

Dernier chapitre de la recherche de Félix Pinquier sur la spatialisation du son et la matérialisation du phénomène acoustique, *Station* fait partie de ces œuvres à voir, à lire et à expérimenter. Haut-parleur ne diffusant aucun son réel mais instillant une rythmique mentale, cette sculpture silencieuse, puissamment évocatrice, surprend également par son échelle. Qu'on l'envisage comme la pièce détachée d'un système acoustique monumental ou comme un ovni que son apparence noire et métallique assimile à un satellite spatial, *Station* demeure cette "énigme sensorielle", nouvel opus de la syntaxe singulière de l'artiste.

8. Cette dimension grammaticale de la pratique de Félix Pinquier s'inscrit, d'une certaine manière, dans la lignée de l'abstraction géométrique. L'exposition consacrée en 2004 par le Centre Pompidou à Aurélie Nemours, figure de ce mouvement, s'intitulait *Rythme nombre couleur*. Pour l'instant, l'univers de Félix Pinquier est en noir et blanc.

Station

à la Maroquinerie de Belley

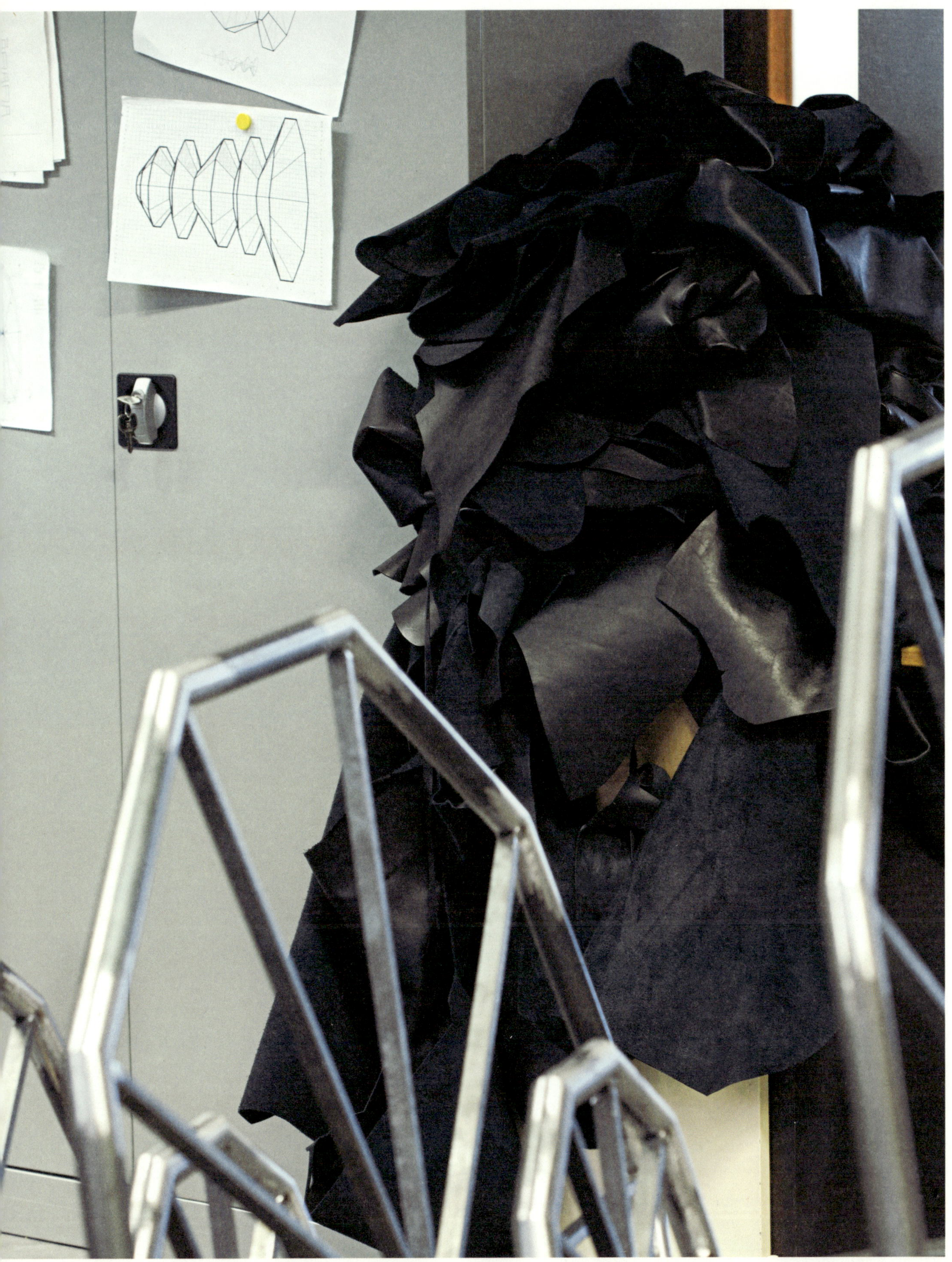

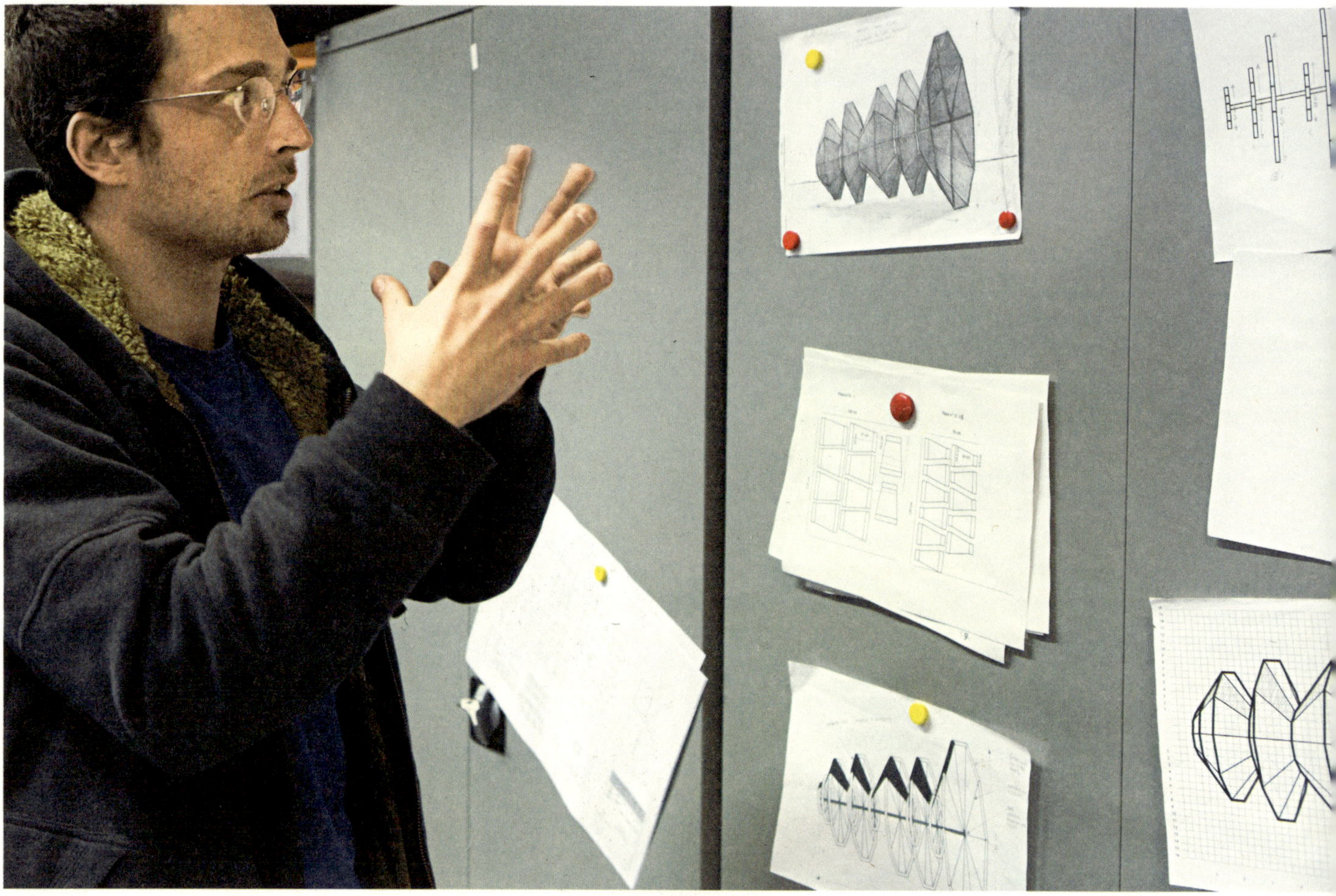

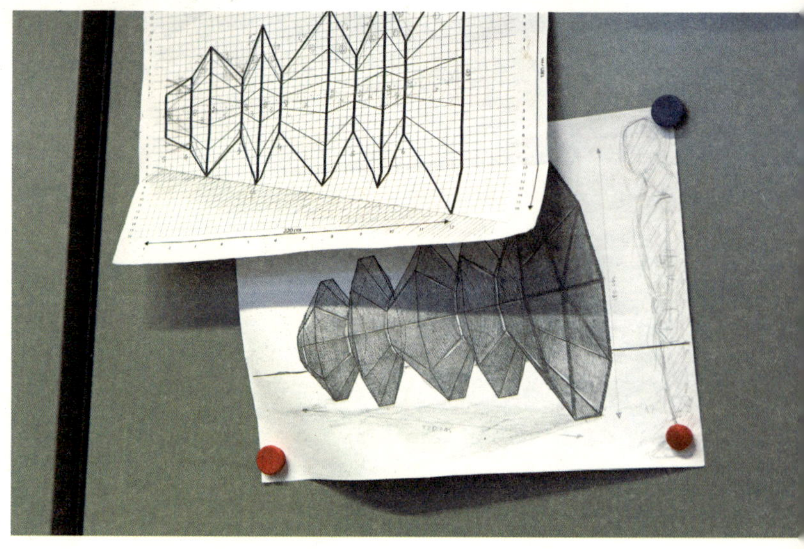

La formule et son explication par les gestes
Schémas et dessins avant la réalisation de la pièce
Explaining the formula
Preparatory diagrams and drawings

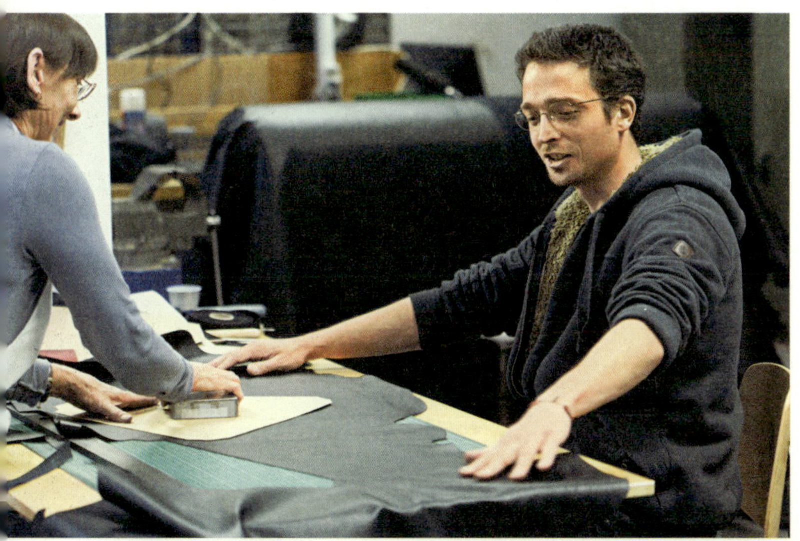

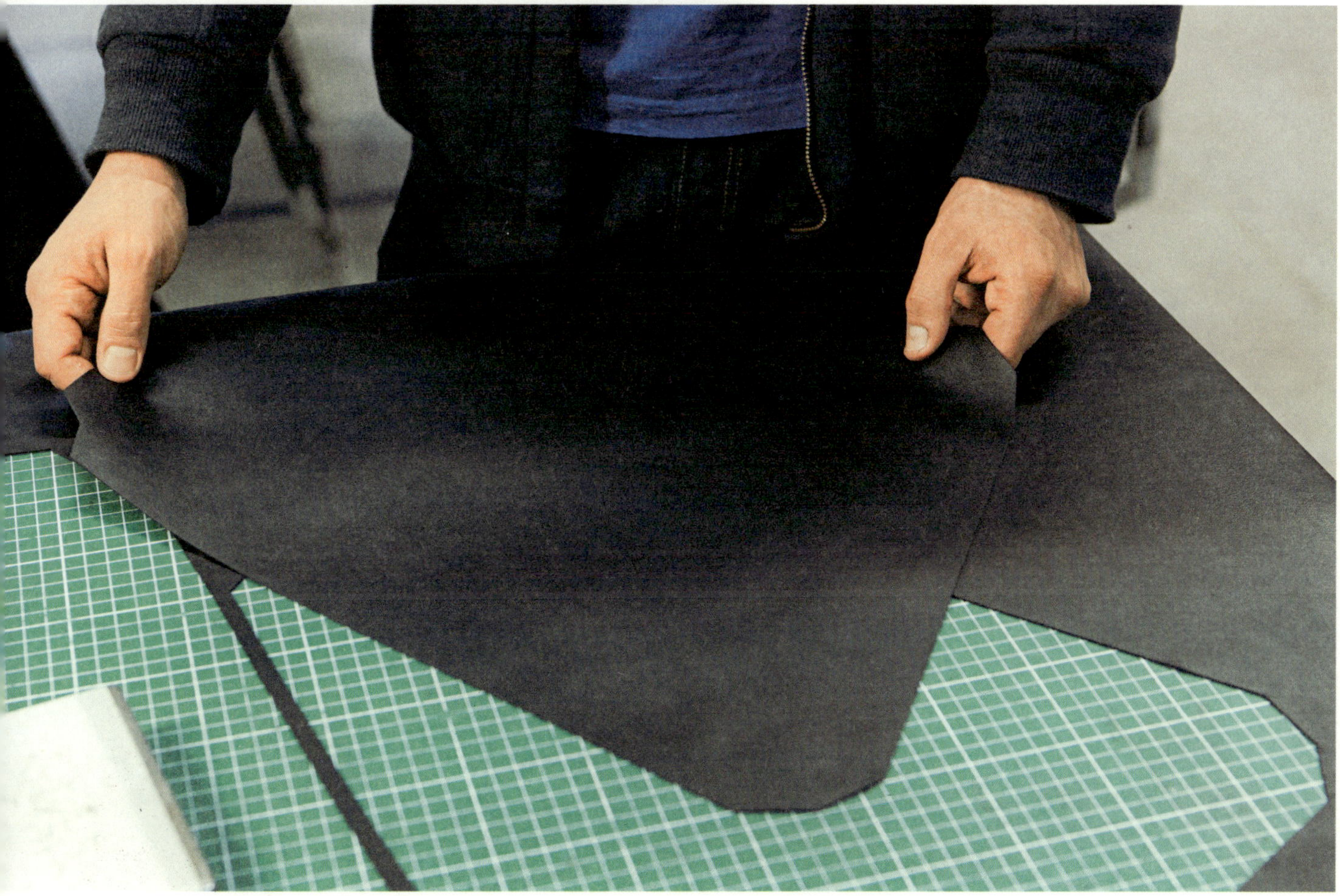

écoupe des cent éléments en cuir qui composent l'ensemble des dix rubans.
utting the hundred leather elements that will go into making the ten ribbons.

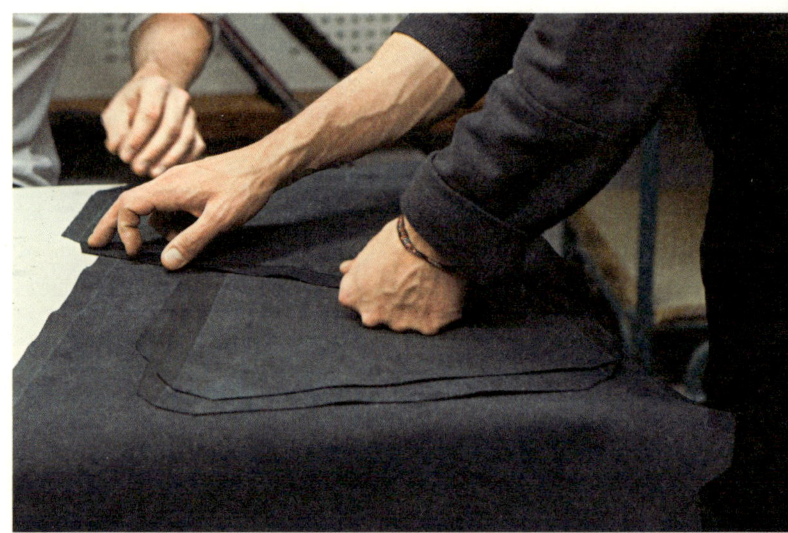

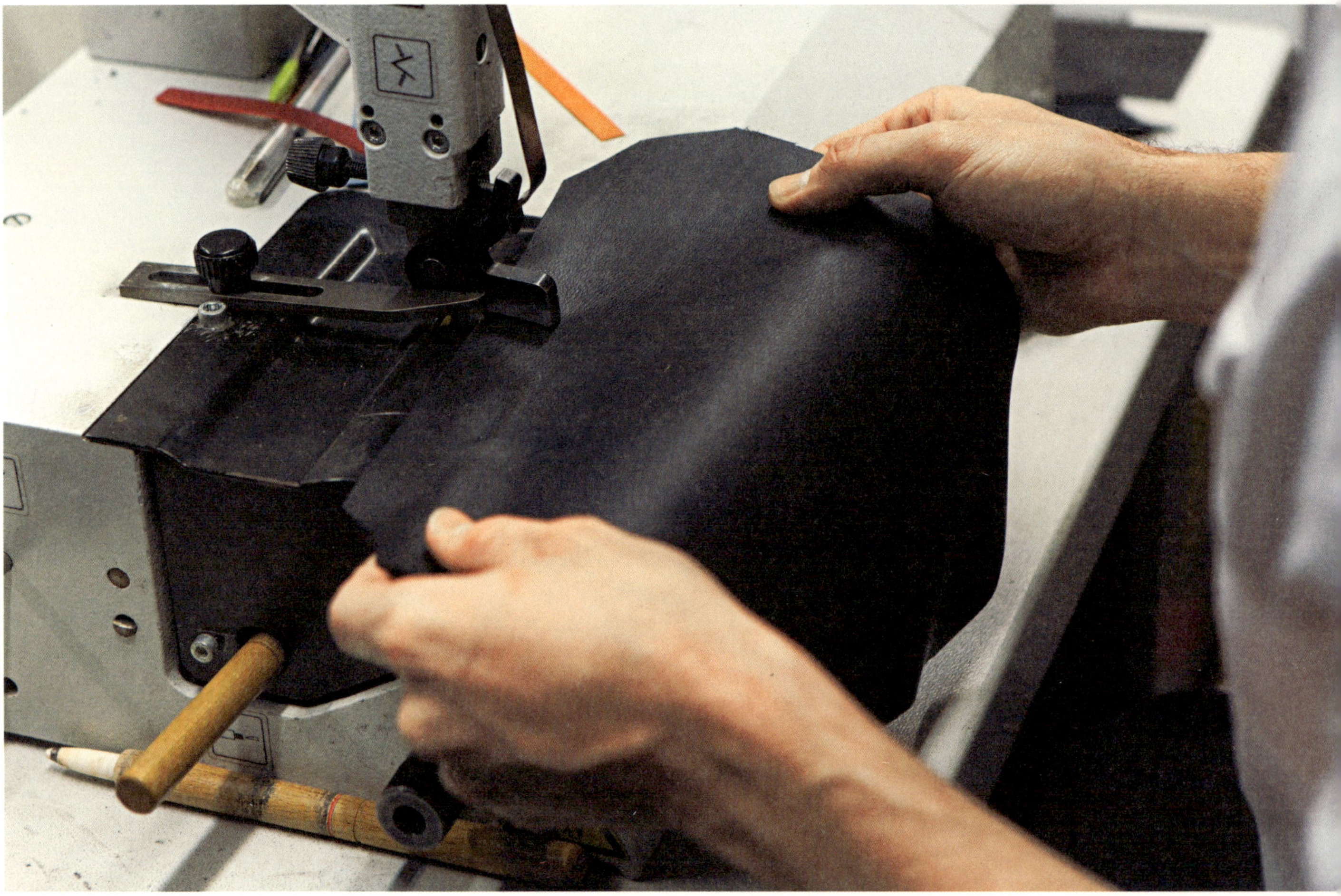

Préparation et parage des pièces de cuir avant la couture – parer consiste à amincir le cuir afin de l'assoupli
Preparing and paring the pieces of leather before stitching (paring consists in thinning the leather to make it more supple

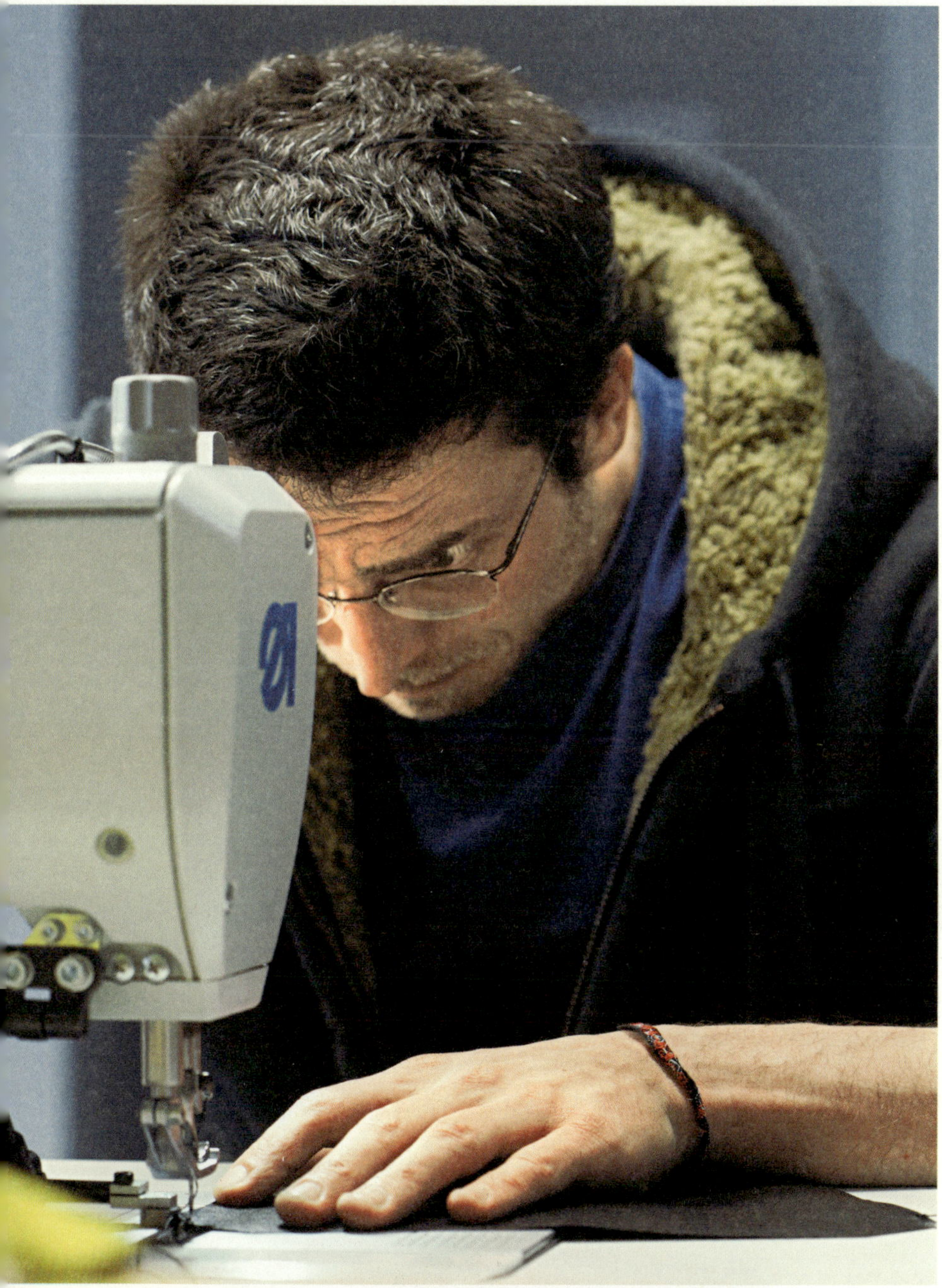

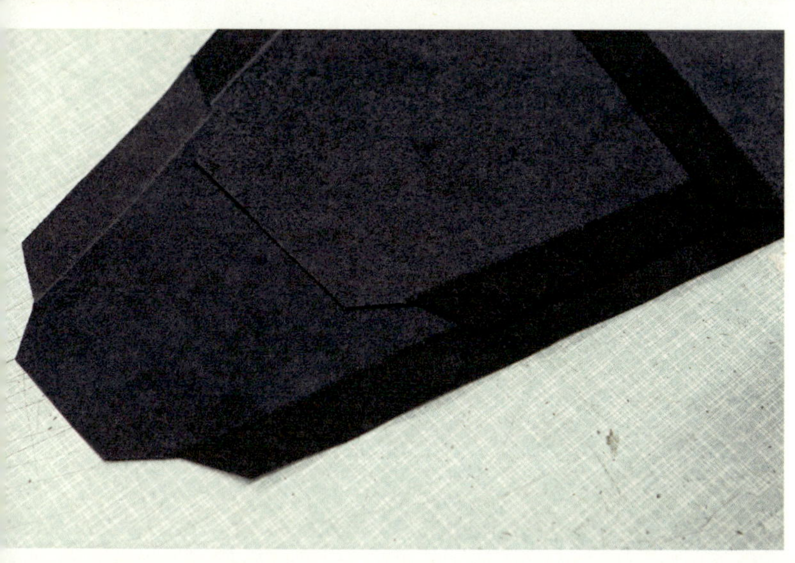

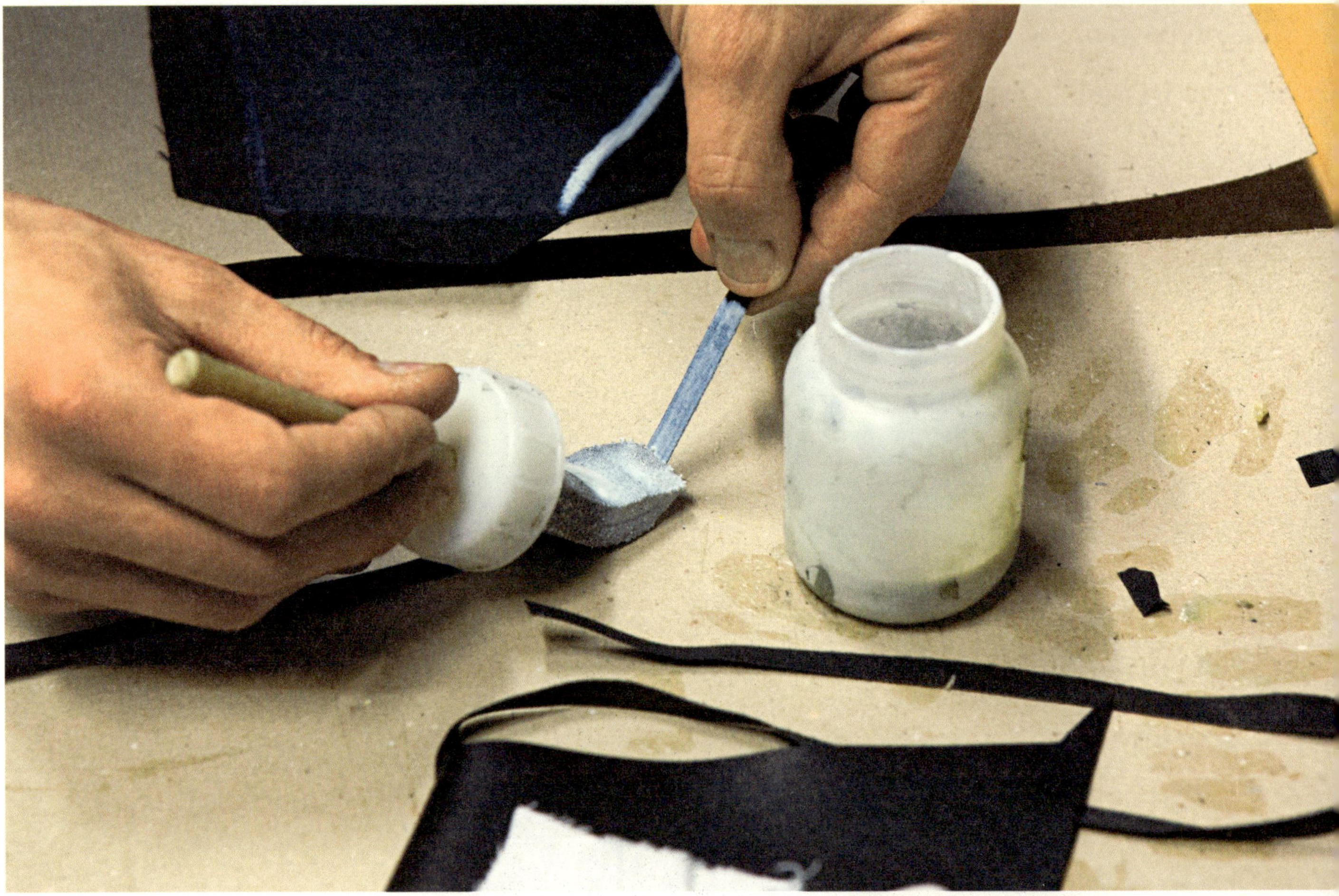

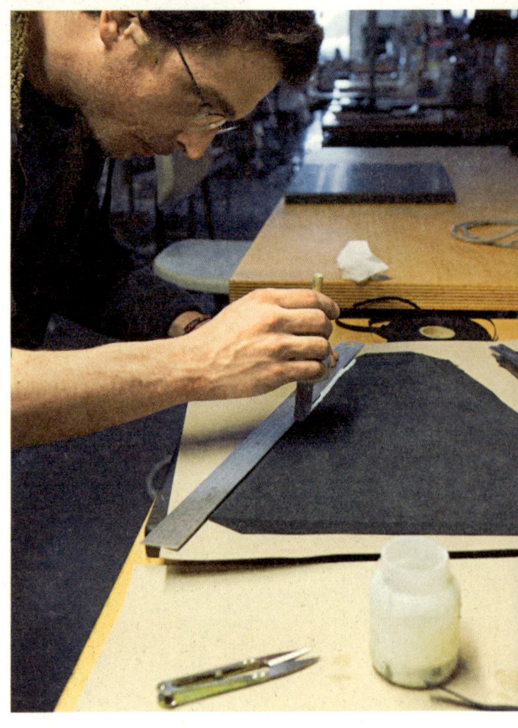

Rembordage des pièces de cuir. Les bords sont collés, structurés et repliés sur eux-mêmes de façon réguliè[re]
Edging the pieces of leather. The edges are glued, structured and folded back on themselves in regular fashio[n]

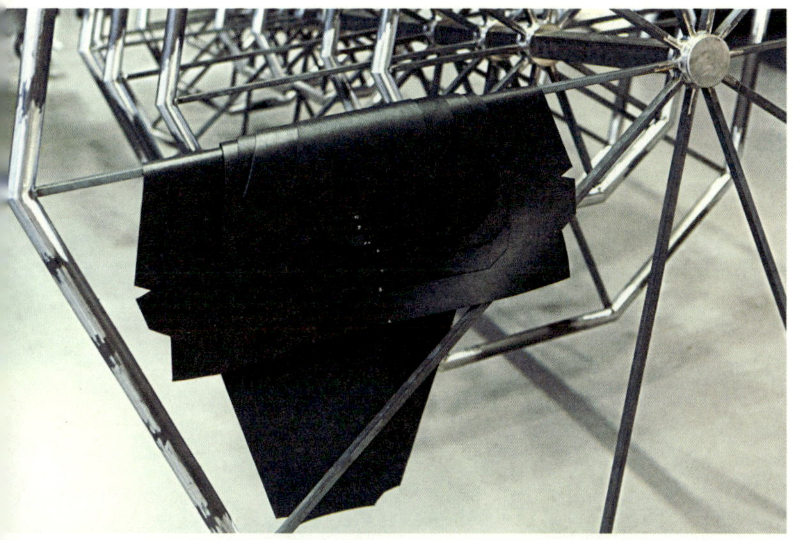

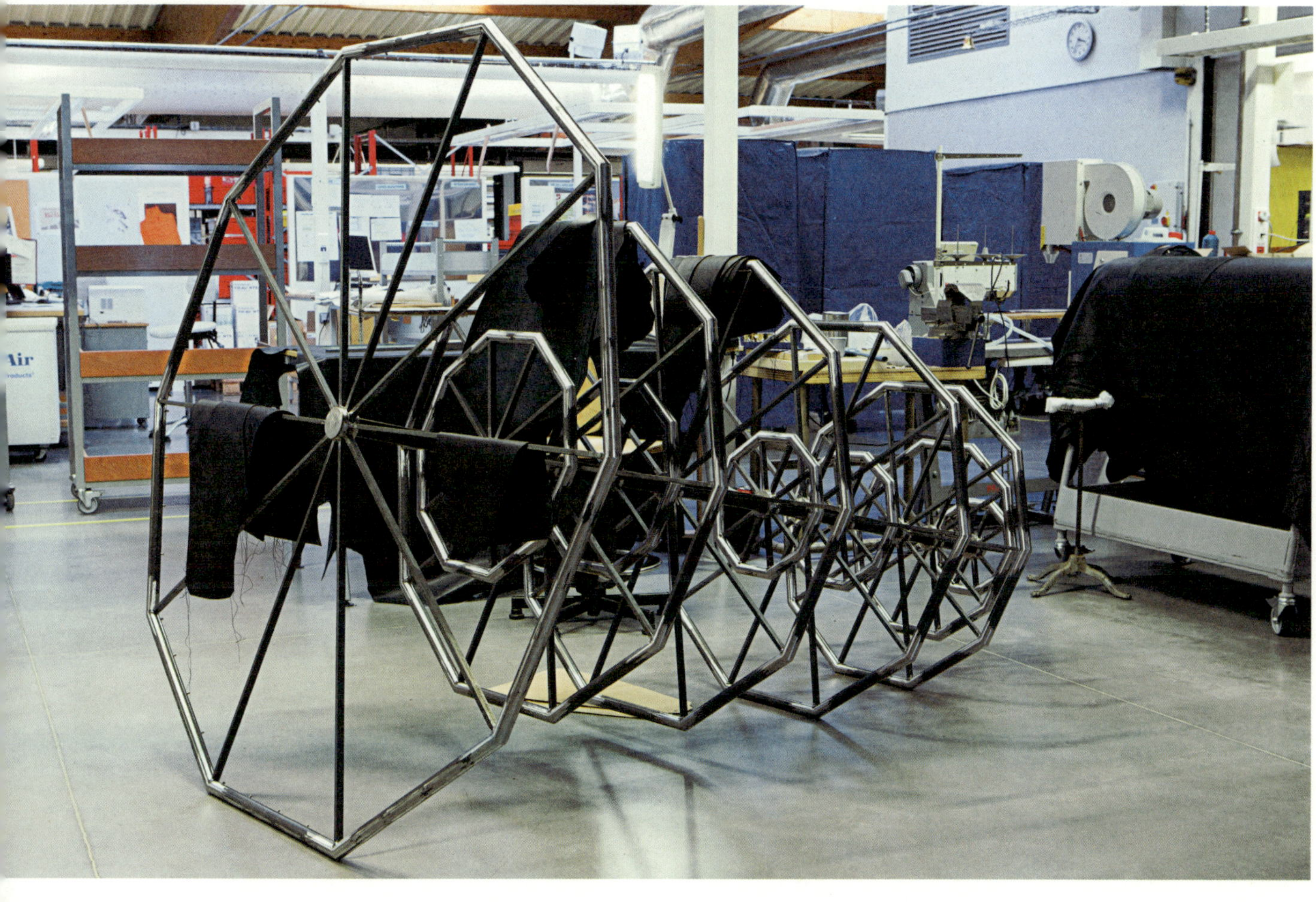

... space de travail avec la structure brute.
... e work space with the unfinished structure.

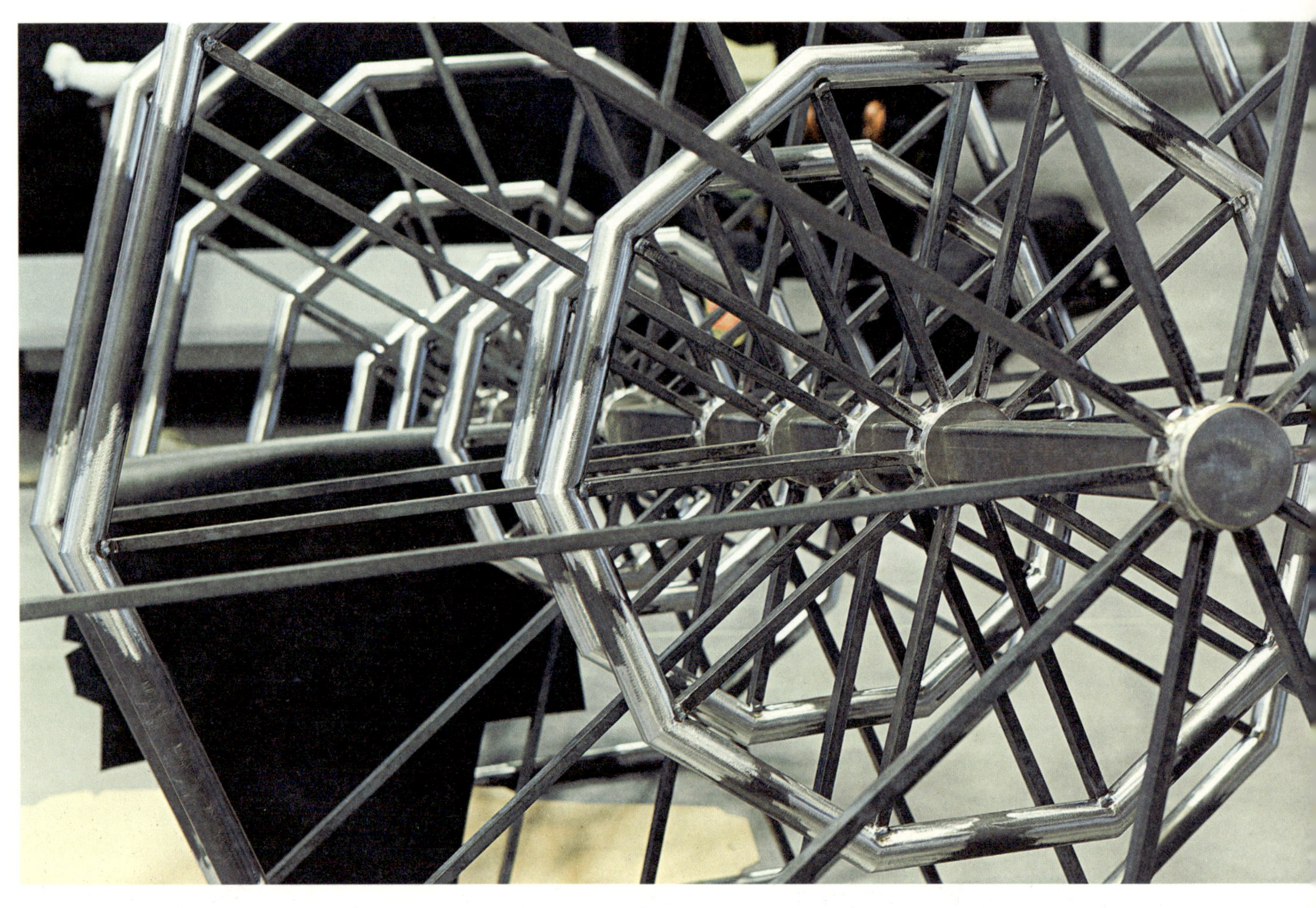

La structure en acier brut fabriquée par l'Atelier Carrott
The crude-steel structure made by Atelier Carrott

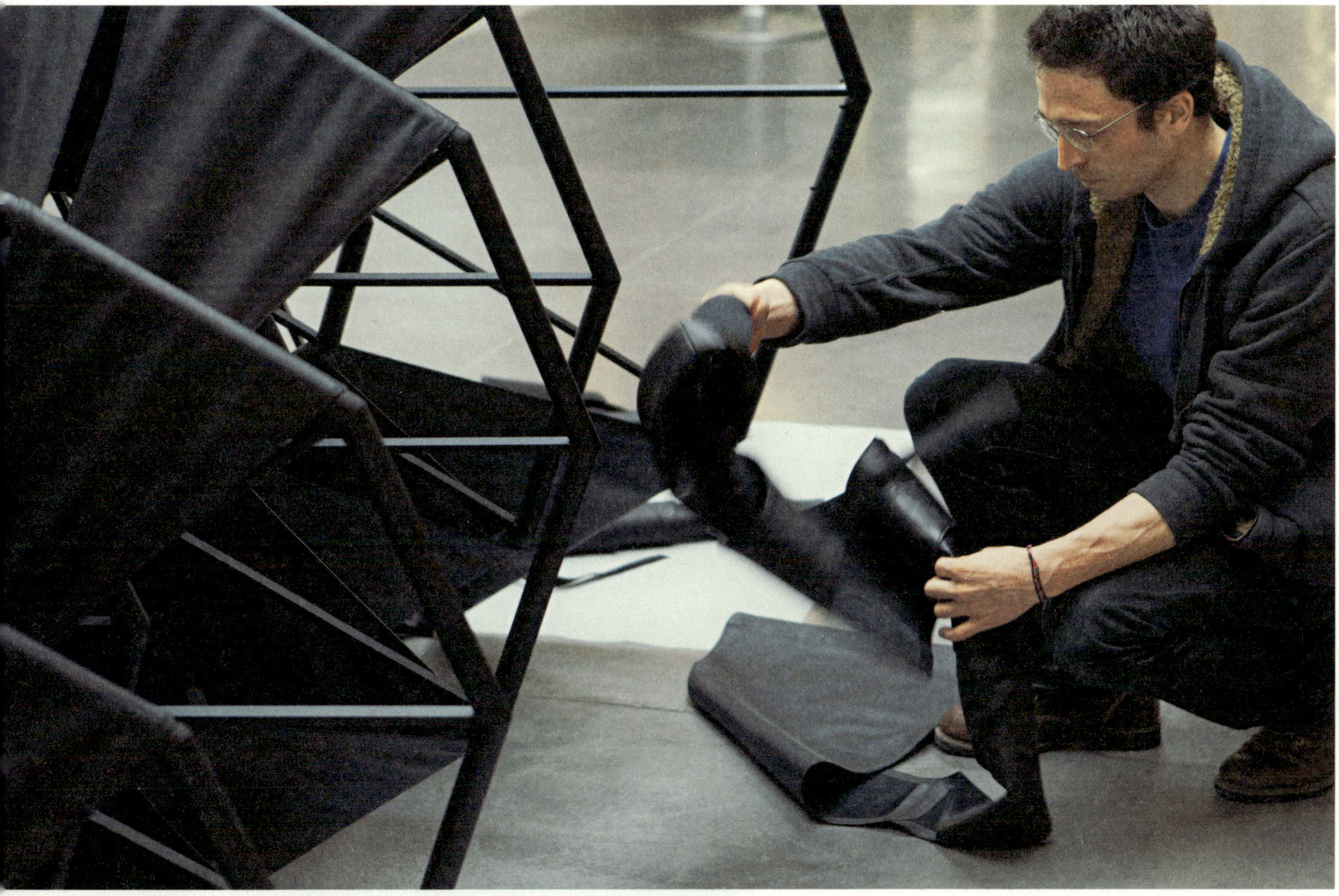

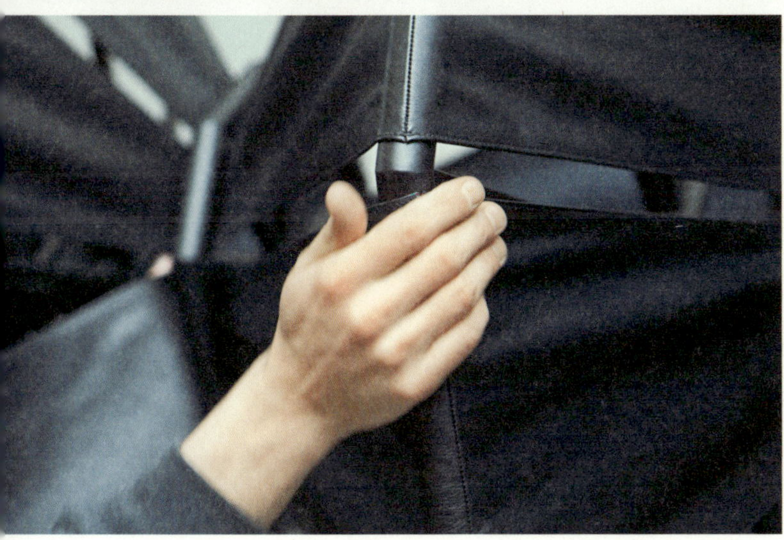

ontage de la pièce, mise en tension et tissage.
ssembling the piece: stretching the leather and weaving.

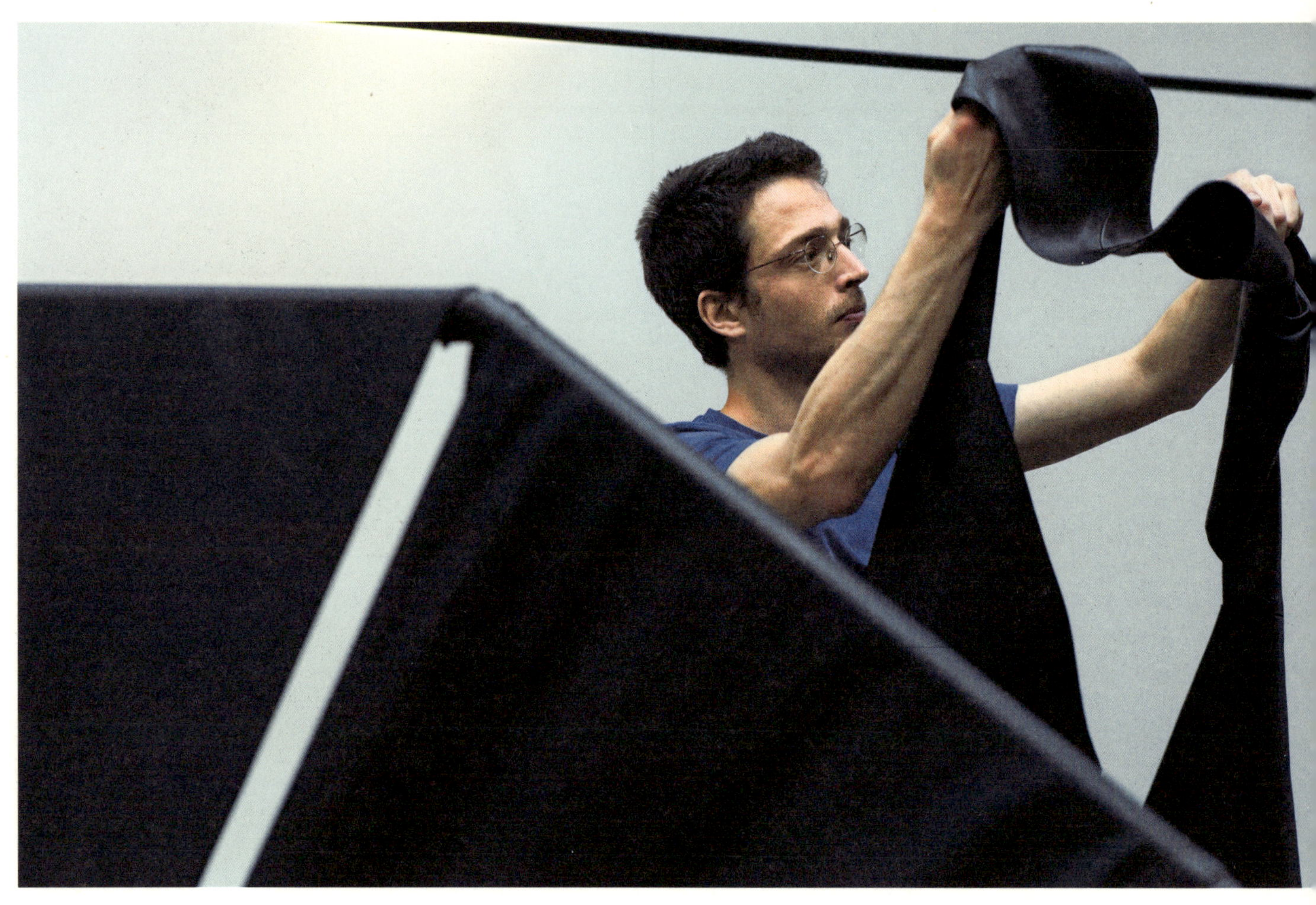

Assemblage par entrecroisement des éléments de cuir avec la structure
Interweaving the leather elements over the structure

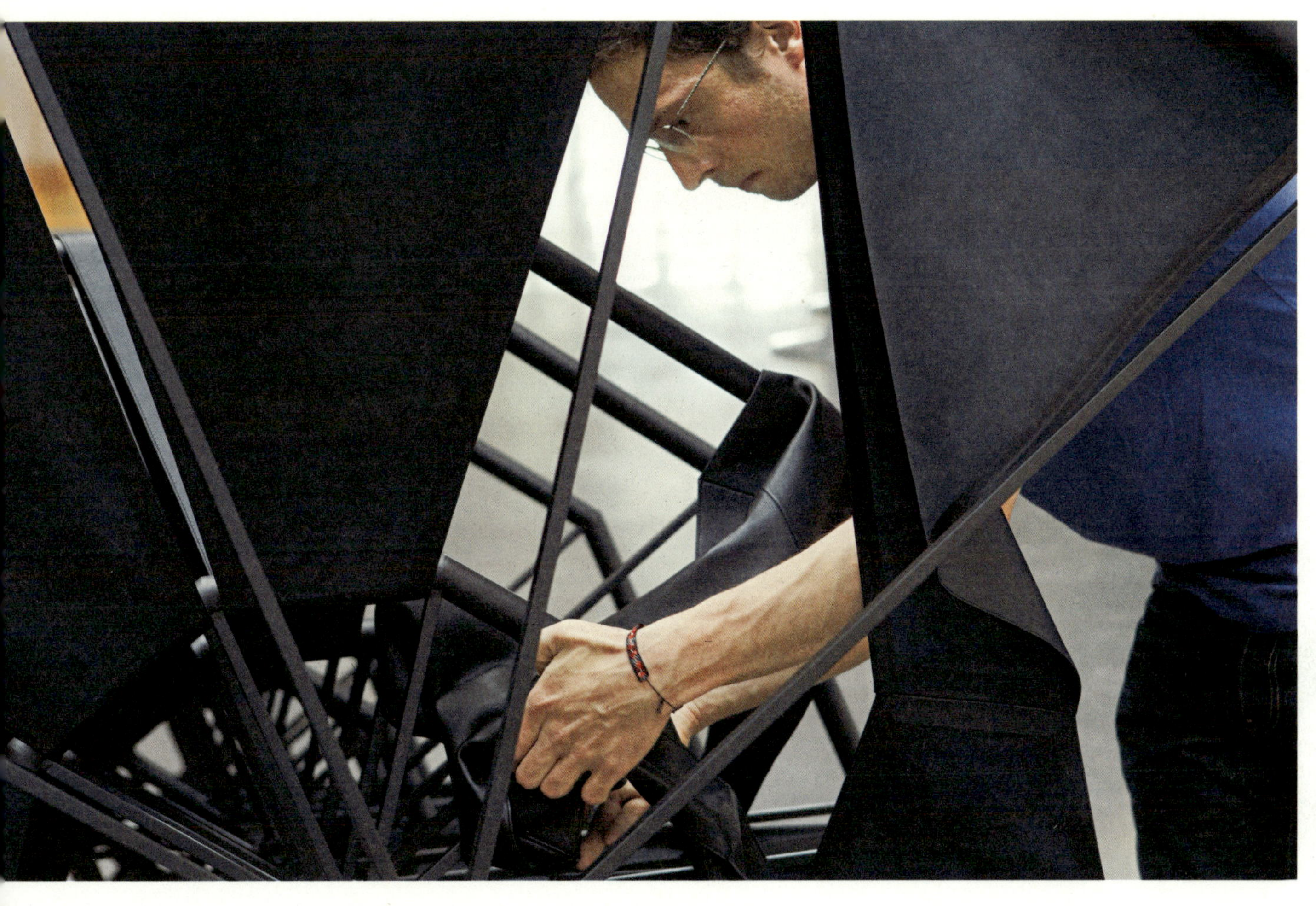

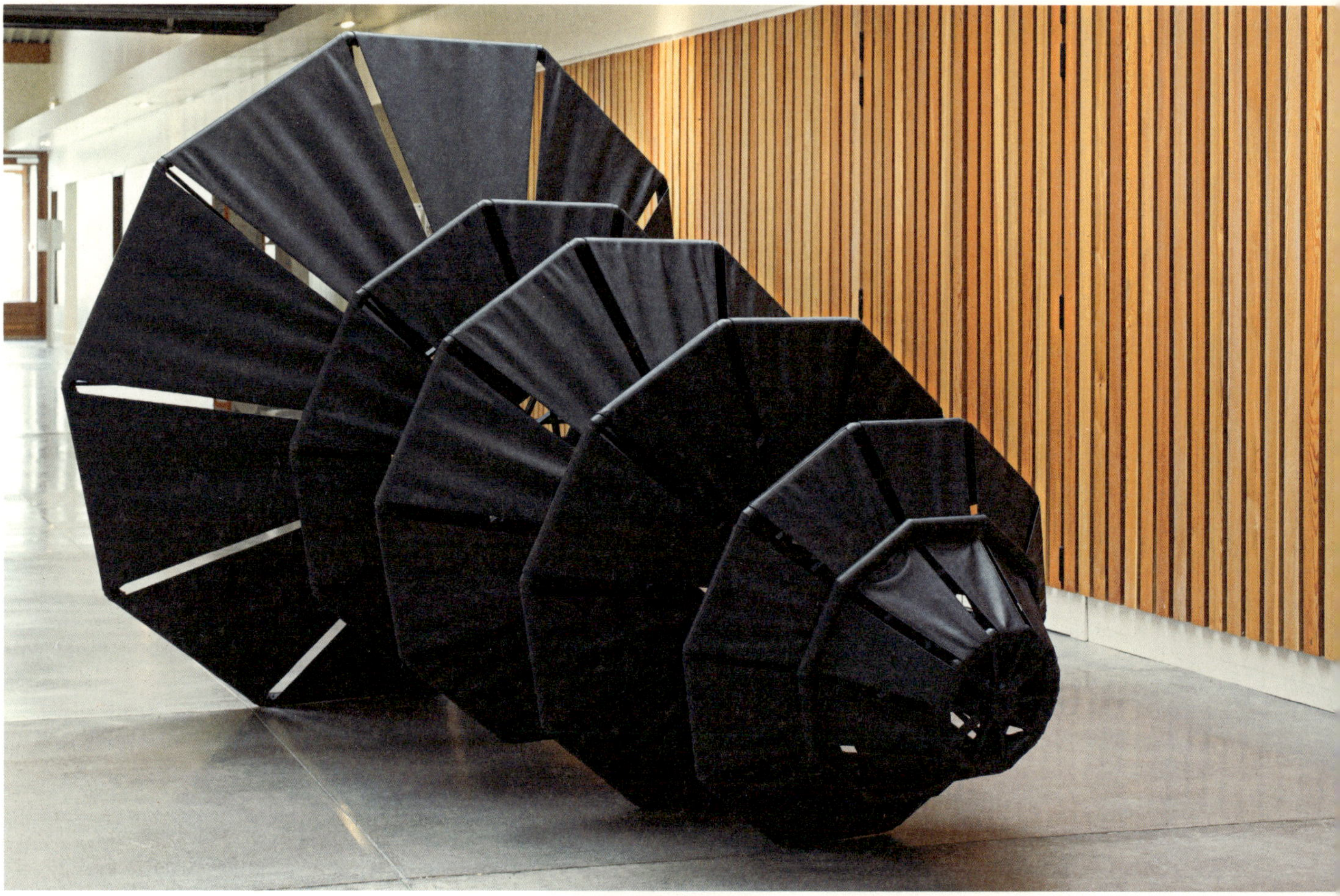

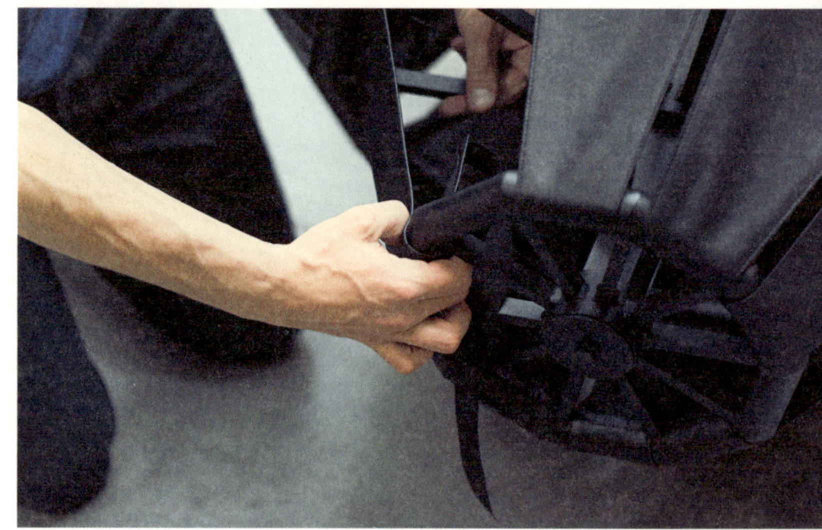

Assemblage, suite et fin
Assembly: the finishing touches

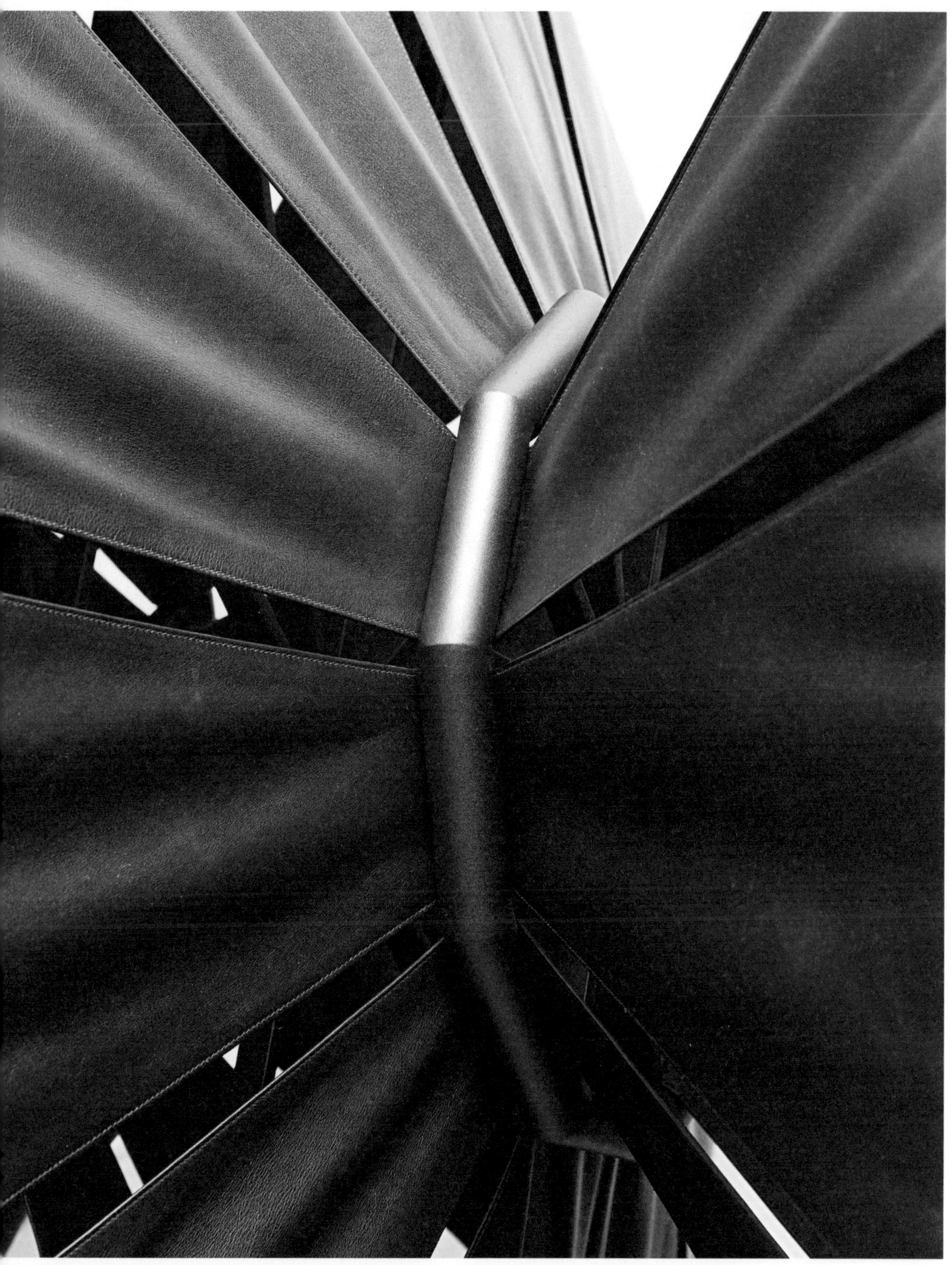

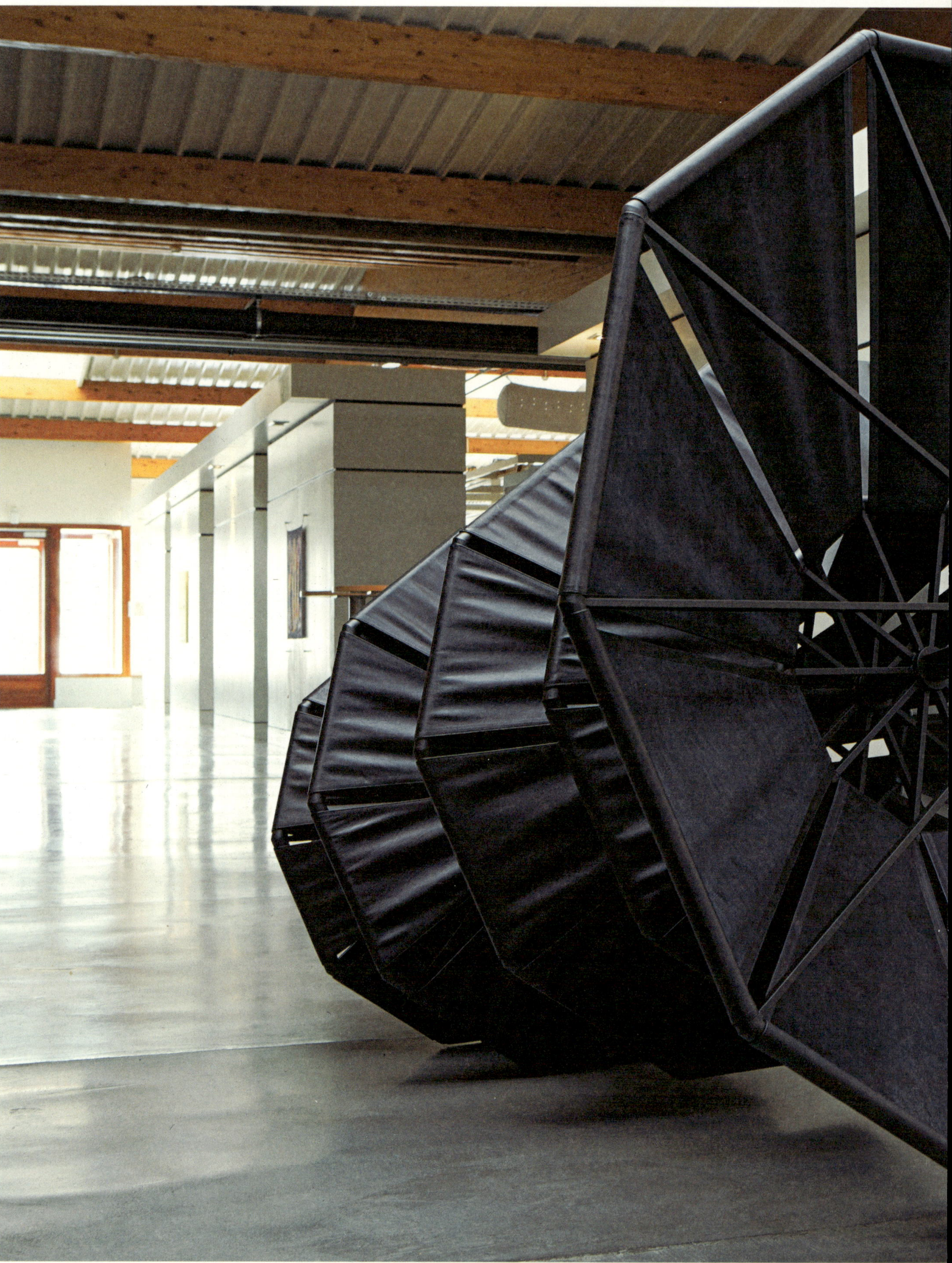

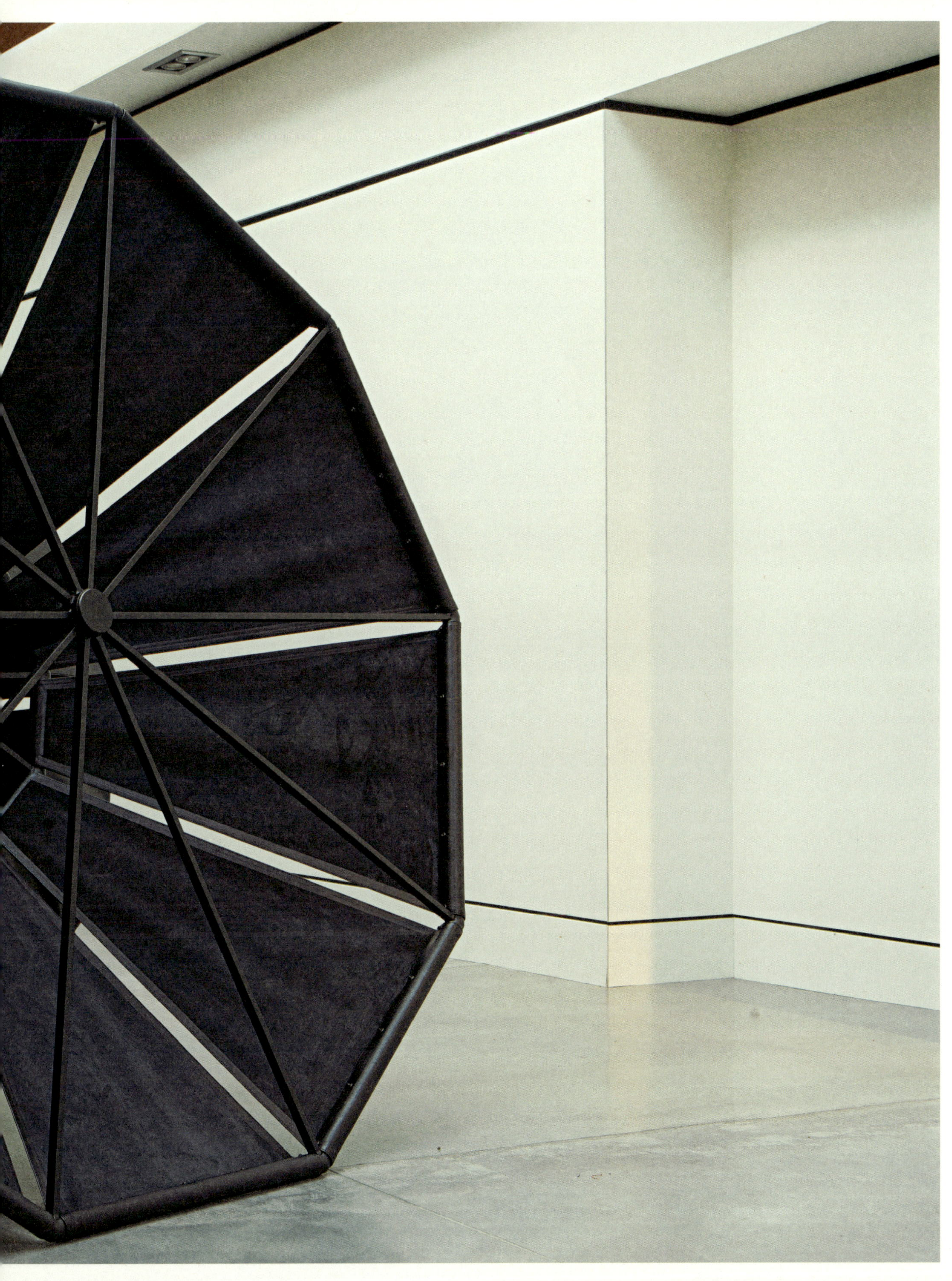

The Eloquent Silence of Sculpture

Clément Dirié

1. With Oh You Keong at Puiforcat, Oliver Beer at Cristalleries Saint-Louis and Andrès Ramirez at Les Ateliers AS, Félix Pinquier took part in the third edition (2012) of the Hermès Foundation artists' residencies, a programme initiated in 2010 in order to give young artists access to rare materials and specialist craft techniques. In its four years of existence, the programme has hosted sixteen artists. An exhibition documenting these residencies is being held at the Palais de Tokyo, Paris, in 2013.

2. From a text written by Félix Pinquier for his participation in *Panorama, Biennale de Bourges*, Bourges, 2012. Quotations without footnotes come from conversations with the author or unpublished writings by the artist.

3. Located in the *département* of Ain, near Lyon, the Maroquinerie de Belley, which specializes in the traditional preparation of skins, joined Hermès in 2002.

Your dominating tendency – musical or formalist – will no doubt determine your response to the sculpture created by Félix Pinquier during the Hermès Foundation residency programme.[1] But there is also a third way, if you are inclined to synaesthesia – in which case you would be in accord with the artist's wishes – which will enable you to perceive it as a hybrid object, at once receptacle and tool, form and instrument, volume and score. The process of synaesthesia fascinates this sculptor for whom the spatialization of sound is a central artistic interest. It is a key to the interpretation of *Station*. This is how Pinquier explains his interest in this neurological phenomenon involving the cross-association of senses: "In some expressions of synaesthesia, visual stimuli are translated into auditory responses. The body indicates an aural response to visual signals. In reading, a form of synaesthesia, a mental space, opens up, a depth that goes beyond the simple printed letters in black and white. If I say this, it is because the reading of objects and their capacity for mental suggestion is important in my work. I invent objects using a simplified form of writing combining references to music, sound, sculpture, mathematics, drawing, poetry and typography."[2]
As one approaches *Station*, taking it in with both the gaze and the body, the reading required is simultaneously plastic and musical: we must be both formalists and music lovers. Like other works by this artist, such as *Parcours* (2010), a large sculpture whose overhanging bulk seems frozen in a dynamic weightlessness, *Station* is a static structure which expresses movement, a musical form whose silence is voluble. An oxymoron for mental suggestion.

Proposed by the artist Richard Deacon, mentor for this residence, Félix Pinquier discovered the world of leather at the Maroquinerie de Belley in spring 2012.[3] In the workshops he underwent a "crash course" in the nature of this material, which is malleable and rigid at the same time. He tested its

potential, experimenting with off-cuts from bags. By creating small objects
he was able to measures its strength and reactions. One line of experiment
involved studying the way in which leather can contain things, becoming
a pocket, an air pocket for example. Inspired by the form of the bellows,
which is used for certain bags with extensible capacity, this idea of enclosing
air connected with the artist's fascination with the phenomenon of sound,
as in the swelling of a throat, a breath, an accordion. It also referenced
the *Aérolithes* (2012), a series of drawings of airships and balloons – two
monumental air pockets which fascinate the artist and feature prominently
in his paper works.[4] Starting with these experiments and this desire "to
create something related to a bellows which can be put in motion" a project
emerged in September 2012, ready for the work to be made that winter.

As is his wont, Pinquier then entered a phase of "applied research". In a series
of sketches and technical drawings (p. 12) he worked out his "sculpture-
structure": "I use arrangements of forms which are the product of schemas and
drawings. They are intuitive constructions. These little combinatory systems
enable me to find a dialectic that is specific to the object. These operations
relate to notions of rhythms, displacements, counting and harmonic divisions.
In this way, the work is intelligibly formulated before moving towards its visual
elaboration." This "visual elaboration" is the three-dimensional materialization
of a principle initially worked out in two dimensions, or, to use the artist's term,
a "flat score": "A score can be used to signify something through another reality.
It is the intersection of the visual and the aural. It is an object of encounter
between different media, which often impose one viewpoint to the exclusion
of others." Like a score, *Station* will not be a univocal work, but an open
proposition, bringing into play the different senses in a constant back and forth.
This prominence of the musical universe in Pinquier's practice is also due
to his background: he has a degree in musical theory and trumpet – a wind
instrument, of course. Most of his works refer to music or, to be more exact,
to musical processes, for he does not often use music or sound in a literal
way.[5] That is one of the singularities of his practice. His work does not show
the world of music, but creates its own, always singular instruments,[6] and
its own acoustic system, a system whose main activator is air: the air that
is pushed through or blown, air that rushes in, makes things vibrate. It is
indeed not insignificant that two series on paper, in which Pinquier creates

4. One series of pencil drawings
is called *À propos de Z*,
2011–12. Z is for Zeppelin.

5. The only exception is
Phonography, a video
from 2008–10.

6. As in the series *Objets
sonores* (2010) in which
multiple objects (propellers,
fans, ball bearings) stage
the "domestication" of air.

two-dimensional spaces that stage movement and sound, are called *Formes –
Rythme – Points* (2010) and *Syntaxes* (2012). Or that *Chiffres* (2009), a series
of transfers on paper, presenting the numbers 1 to 9, should be assembled
like musical notes in a novel system of notation. The *Pinquier* notation.

Station is comprised of eleven steel uprights, with diameters ranging from 180
to 30 centimetres, over which ten intertwined ribbons of leather are stretched.[7]
Like a score in a barrel organ. Measuring 220 by 180 centimetres at its highest,
the structure resembles a gigantic bellows, an accordion with ten decagons
linked by a central axis. It is a place of passage for air, the gaze and matter.
From the side, it is like a stave whose notes play a harmonious crescendo.
Obviously, the choice of black, while making this sculpture seem strange,
or even "extra-terrestrial", conjures up the world of musical chambers (echo
chambers or recording spaces, for example), those musical chambers to which
the artist's drawings are constantly alluding. Once again, Pinquier works
with the material of sound without involving it directly. A text titled *L'objet
du silence ou l'inversion du problème* serves as a manifesto: "I do not try to
make acoustic objects. I do not try to produce musical illustrations. Nor
do I try to establish a system of aural correspondences. … I try to conceive
sound through its contrary. Its presence through its absence. Thus, my
objects are silent. … To attempt to represent sound by an object or an
image that is silent is always a kind of failure. For sound is immaterial and
the evocation of sound by sight will always exclude hearing. My objects
are sensorial enigmas. They are like notations which have no equivalents.
The forms, materials and volumes are legible but their aural hypothesis is
elusive. Reading of the score is blocked because movement is stopped. The
forms are solidified. However, rolls, cracks, beats, accents, alternations,
echoes and reverberations all emanate from these objects. What emerges is
an imperceptible dimension capable of describing silence. The sculptures
extend their powers of evocation. Mental images are generated. A new sphere
of perception appears." Reading these lines, we can understand the ambition
and what is at stake in Pinquier's work: to create a mute sculpture that will
be inhabited by the sounds mentally conceived by its beholders. In his day,
John Cage – the godfather of the American minimalist composers appreciated
by the artist – created *4'33"* (1952), a score consisting of four minutes and
thirty-three seconds of silence, conducive to listening to ambient sounds.

7. This operation proved the most difficult part of producing the object, because of the resistance of the leather and the need to manage the relations of tension in such a way that the leather ribbons keep a homogenous surface.

Naturally, *Station* takes its place within the repertoire of singular forms elaborated by the artist. There can be no doubt that it will not remain isolated for long. The artist will soon find it company. Whether in the exhibition *Environs = Surroundings* at Les Tanneries (2011), or for the installation *Relâche*, which was his contribution to the *Vent d'après* exhibition at the Beaux-Arts de Paris (2011), Pinquier likes to place his creations in a shared space. At Les Tanneries, the presentation of the works outside, on a raw concrete plateau, sketched out a sequence that became a landscape. At the Beaux-Arts de Paris, the *Objets de plate-forme* were set out on a base, as in a sculpture park. "A space where objects are signs constituting a singular syntax. A reading which opens up the field of possibilities."[8] This conception of the work as a whole, reconfigured for each exhibition, gives it a new dimension: a playful perspective in which the modularity of the elements and the fact that they can be taken apart and are mobile makes them like toys: too precious and fragile, no doubt, to be handled, but sufficiently mysterious to inhabit our imaginaries. *Station* is no exception to this rule because its different parts – its successive scores – are easy to reconfigure.

As the latest chapter in Pinquier's research into the spatialization of sound and the materialization of acoustic phenomena, *Station* is one of those artworks that are to be seen, read and experienced. A speaker producing no real sound but instilling a mental rhythm, this powerfully evocative silent sculpture also surprises by its scale. Whether seen as a part from a monumental acoustic system or as a UFO whose black, metallic appearance evokes a space satellite, *Station* remains a "sensorial enigma", a new opus in this artist's singular syntax.

8. This grammatical dimension of Félix Pinquier's practice fits, to an extent, within the tradition of geometrical abstraction. The 2004 exhibition at the Pompidou Centre of work by Aurélie Nemours, a historic figure in this movement, was titled *Rythme – Nombre – Couleur*. For the time being, however, Pinquier's world is in black and white.

Une publication/Published by
Actes Sud/Fondation d'entreprise Hermès

FONDATION D'ENTREPRISE HERMÈS
Président/President : Pierre-Alexis Dumas
Directrice/Director : Catherine Tsékénis
Responsable éditorial/Editorial manager : Frédéric Hubin
Chef de projet résidences/Head of project : Clémence Miralles-Fraysse

ACTES SUD
Conception graphique/Graphic design : Raphaëlle Pinoncély
Correction/Copy editor : Aïté Bresson (français), Bronwyn Mahoney (anglais)
Traduction/Translation : Charles Penwarden
Fabrication/Production : Géraldine Lay

Texte/Text : Clément Dirié
Légendes du portfolio/Portfolio's captions : Félix Pinquier
Photographies/Photographs : © Tadzio, 2013

Le DVD qui accompagne cet ouvrage vous est offert.
Il présente un film réalisé par Frédéric Fiol,
production exécutive No One, Jean-Paul Boucheny.

The complimentary DVD accompanying this book
presents a film directed by Frédéric Fiol and
produced by Jean-Paul Boucheny (No One Productions).

La Fondation d'entreprise Hermès remercie Félix Pinquier
et son parrain Richard Deacon ainsi que les personnes ayant facilité
le bon déroulement de la résidence : Olivier Fournier, directeur général
du Pôle artisanal Hermès Maroquinier-Sellier, Emmanuel Pommier,
directeur Production et sites, Jean-Baptiste Saint Supéry,
directeur de la Maroquinerie de Belley, et toute son équipe.

The Fondation d'entreprise Hermès would like to thank Félix Pinquier,
his mentor Richard Deacon and everyone who contributed
to the smooth running of the residency: Olivier Fournier, Chief Executive Officer
of Hermès Maroquinier-Sellier – Artisanal Pole, Emmanuel Pommier,
Associate Technical and Production Manager, Jean-Baptiste Saint Supéry,
Plant Director of the Maroquinerie de Belley, and all his team.

Ouvrage reproduit et achevé d'imprimer en 2013
par l'imprimerie EBS à Vérone
pour le compte des éditions Actes Sud
Le Méjan, place Nina-Berberova, 13200 Arles
Ce livre ne peut être vendu séparément.

Dépôt légal
1re édition : juin 2013
ISBN 978-2-330-01930-3

© Actes Sud/Fondation d'entreprise Hermès, 2013
www.actes-sud.fr
www.fondationdentreprisehermes.org

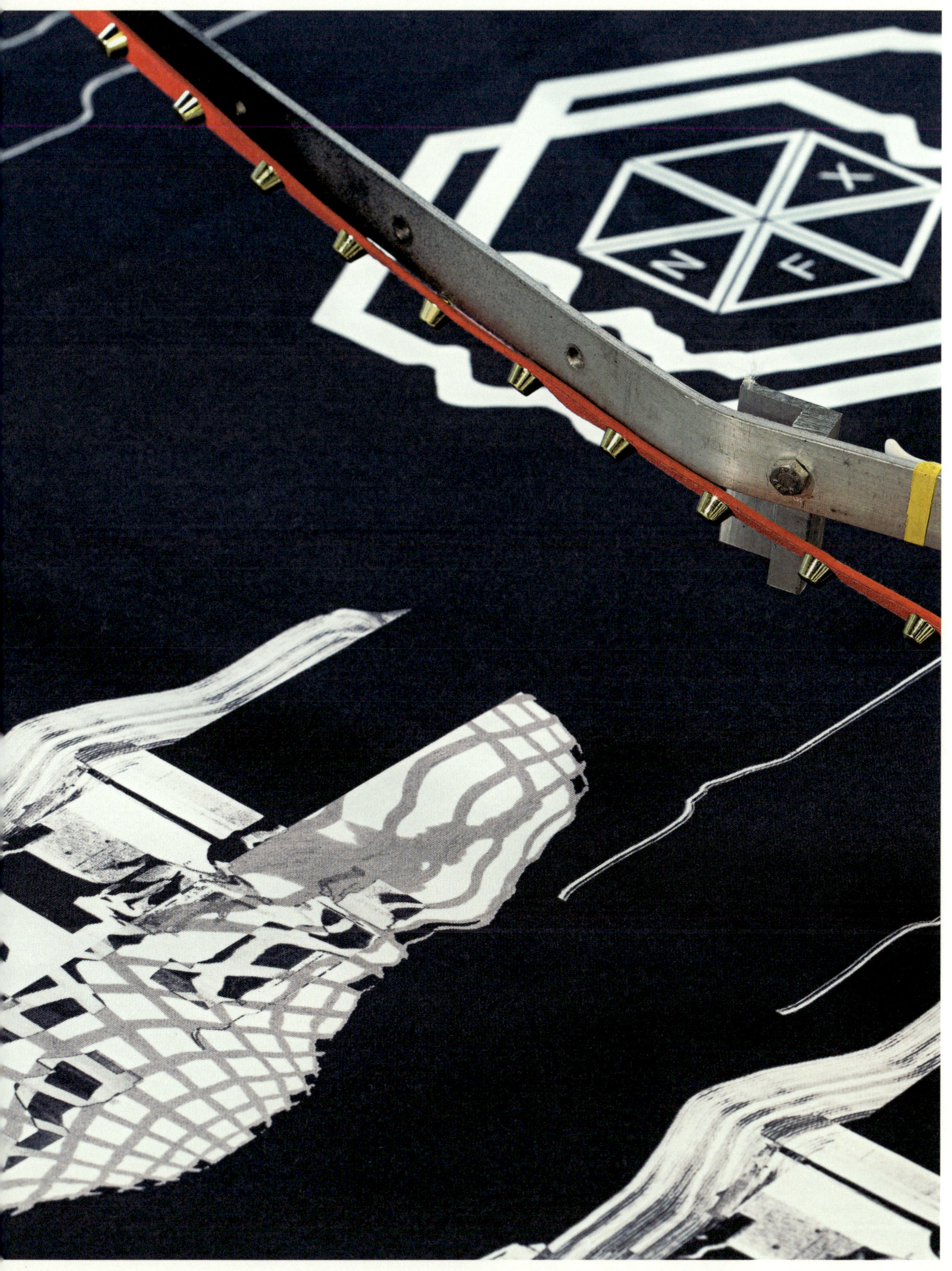

Cahier de résidence

Andrés Ramirez

à la Holding Textile Hermès

sous le parrainage d'Emmanuel Saulnier

ACTES SUD | *FONDATION D'ENTREPRISE HERMÈS*

Les énigmes visuelles
d'une histoire d'amour passée

Clément Dirié

1. Les Ateliers AS sont le pôle d'impression sur soie de la Holding Textile Hermès. Ils sont situés au sein du site lyonnais de Pierre-Bénite, lequel comprend également une maroquinerie et la soierie Bucol. Depuis le début du programme de résidences, Pierre-Bénite a accueilli Benoît Piéron en 2010, Émilie Pitoiset en 2011 et Gabriele Chiari en 2013.

Lorsqu'il découvre les Ateliers AS[1] en juin 2012, Andrés Ramirez n'a assurément aucune idée de l'apparence que prendra, presque dix mois plus tard, l'œuvre qu'il va y concevoir. Il lui faudra d'abord faire connaissance avec l'univers textile, ses savoir-faire et ses spécificités avant d'imaginer comment ceux-ci peuvent croiser son propre univers, un ensemble d'œuvres sculpturales et de créations graphiques où le processus même d'hybridation des sources et des formes constitue le principe actif.

En mars 2013, alors que son œuvre est achevée, il lui est difficile d'indiquer comment celle-ci sera exposée dans le futur. Bien que composée de multiples éléments ayant tous fait l'objet d'une longue élaboration, *Lost In Love* s'avère être une œuvre en *puissance*, dont chaque activation sera singulière. Les manières dont elle est reproduite dans cet ouvrage ne laissent en aucun cas présager ses prochaines expositions : ce n'est qu'un de ses déploiements possibles. En cela, elle s'inscrit parfaitement dans le corpus de l'artiste. Celui-ci ne souhaite jamais figer les choses ; il désire laisser perpétuellement ouvert le champ des possibles et des combinaisons. "Mon travail s'appuie sur l'hypothèse d'une hétérogénéité originelle et d'une pluralité structurelle des œuvres. Dès lors, les installations, les sculptures et les images que j'organise ne répondent pas à des enjeux techniques, esthétiques ou conceptuels de manière directe, mais investissent les intervalles et parfois les tensions qui les séparent. Cette approche autorise un certain degré d'abstraction et d'anachronisme, et permet, dans le même temps, d'exploiter la fragmentation, le paradoxe, la transversalité ainsi que des procédés d'altération ou de saturation. Les différents médiums que j'emploie sont ainsi mis en interaction constante et constituent des chaînes d'élaboration et de production complémentaires[2]." Pour Andrés Ramirez, la période de recherche est donc aussi importante que celle de concrétisation, la prise en compte de l'aléatoire aussi assumée que les choix formels, le geste et la sensation aussi cruciaux que le résultat et le sens. En synthétisant ses préoccupations

2. Les citations non référencées sont issues de conversations avec l'auteur ou de textes non publiés de l'artiste.

actuelles et sa double réflexion sur le volume et le signe graphique, l'œuvre créée aux Ateliers AS constitue de fait une nouvelle matérialisation de sa perception de l'art comme un laboratoire en constante redéfinition.

Inspirée par un nécessaire de voyage conservé au musée Émile Hermès à Paris, *Lost In Love* prend donc la forme d'une œuvre condensée – celle d'un *flight-case* artistiquement modifié – qui sera chaque fois déployée en fonction des possibilités des lieux d'exposition et de l'état d'esprit (affectif ? amoureux ?) de l'artiste. En son sein se manifeste une richesse de motifs, d'effets de matière et de touchers qui renseigne sur la manière dont Andrés Ramirez a intégré à son vocabulaire plastique les caractéristiques et le lexique décoratif du textile. Avec son titre aux accents romantiques et mélancoliques, *Lost In Love* devient ainsi un cadre narratif à investir de nos pensées et dérives imaginaires, ce que favorisent son apparence énigmatique et sa manière de résister au complet dévoilement des significations.

Parrainé par Emmanuel Saulnier pour participer au programme des Résidences d'artistes de la Fondation d'entreprise Hermès[3], Andrés Ramirez a commencé son séjour aux Ateliers AS en juin 2012. Pendant ce temps d'immersion, il s'est familiarisé avec le travail de la soie et du textile dans une manufacture dédiée à la fabrication des couleurs, à la coloration des motifs et à l'impression à la lyonnaise (au cadre). Il a également profité de cette période pour étudier les archives Bucol, une soierie fondée dans les années 1920 et réputée pour la richesse de ses collections de gravures et d'échantillons. Pour Andrés Ramirez, un artiste fasciné par l'expression graphique[4], menant une réflexion sur le signe, ses usages et manipulations, la consultation de ces archives ne pouvait que constituer une source fertile d'inspiration, lui permettant de confronter l'iconographie contemporaine qu'il affectionne – notamment issue des cultures musicales indus et *noise*[5] – avec un ensemble plus classique de formes ornementales.

Très vite, dès l'été 2012, Andrés Ramirez se décide à créer une œuvre ouverte pouvant intégrer, jusqu'à la fin de sa résidence en février 2013, les expériences et fulgurances advenues dans ce cadre de production inédit. *Lost In Love* possède donc une enveloppe et une apparence au repos dans lesquelles s'insère un contenu, son répertoire de formes à rejouer à chaque exposition[6]. Version

3. Avec Félix Pinquier à la Maroquinerie de Belley, Oh You Kyeong chez Puiforcat et Oliver Beer aux cristalleries Saint-Louis, Andrés Ramirez participe en 2012 à la troisième édition du programme des Résidences d'artistes de la Fondation d'entreprise Hermès, initié en 2010 pour permettre l'accès de jeunes plasticiens à des matériaux rares et des savoir-faire de haute manufacture. En quatre ans, le programme a accueilli seize artistes. Une exposition retraçant ces résidences a lieu en 2013 au palais de Tokyo, Paris.

4. La publication de fanzines au sein de la structure éditoriale Nox Factio Éditions, animée avec Élise Vandewalle, constitue une part essentielle de la pratique d'Andrés Ramirez.

5. L'une des sources iconographiques manipulées par Andrés Ramirez est l'univers visuel des supports de la scène *noise* et des musiques industrielles : pochettes de vinyles, clips, logos, identité graphique de labels et de groupes – un univers aride, en noir et blanc.

6. Ce principe repos/activation de l'œuvre rappelle certaines démarches de l'art minimal et conceptuel, lorsque celui-ci croise l'univers de la performance, notamment celle d'un artiste comme Franz Erhard Walther avec son *1. Werksatz* (1963-1969).

contemporaine du nécessaire du musée Émile Hermès, *Lost In Love* est un "nécessaire contemporain à aimer" prenant la forme d'un double *flight-case* – celui des tournées musicales – renfermant l'ensemble des éléments conçus par l'artiste. Insérés au sein d'une boîte blanche de transport et de protection, réalisée en bois de peuplier, tapissée d'un molleton et montée sur roulettes, sont placés une quinzaine de panneaux en contreplaqué noir ainsi qu'une vingtaine d'impressions et divers éléments de toutes tailles et natures : des tubes en aluminium, de petits objets en acier et en porcelaine, des billes en plastique, des impressions sur papier, etc. Rangés dans leur contenant, ces éléments attendent d'être disposés et mis en relation par l'artiste, celui-ci pouvant choisir de modifier leurs associations à chaque exposition, voire au cours d'une même exposition. De même, fidèle à son principe d'évolution continue, l'artiste n'installe pas systématiquement tous les objets à chaque activation, certains d'entre eux demeurant à l'état de veille, comme dans une boîte à outils. À chaque présentation, *Lost in Love* dessine un paysage *non finito* – selon l'expression d'Emmanuel Saulnier – de modules hétérogènes, un dispositif scénographique qui rappelle, en les amplifiant, des œuvres antérieures de l'artiste (*We Sacrifice Our Future as We Sacrifice Our Past*, 2011) ou son système de production des images graphiques – véritables hybridations de formes et de signifiants destinées à produire des "distorsions abusives de significations et des espaces indéterminés". Le critique d'art Gallien Déjean indique : "Les sculptures qu'ils réalisent [avec Élise Vandewalle] sont des assemblages fragmentaires, des ruines figées composées de matériaux frustes, parfois usagés. Il s'agit d'interventions architectoniques, vaguement rituelles, dont les structures explorent les phénomènes d'intériorité et d'extériorité à des niveaux aussi bien matériel que psychologique[7]." C'est le cas pour l'œuvre réalisée aux Ateliers AS comme pour *Vulnerant Omnes (Sagittaire)*, une sculpture de 2010 associant des matériaux aux propriétés différentes, voire divergentes, ou pour les œuvres de l'exposition *Quietus* (2011). Toutes se déploient dans l'espace, comme d'étranges instruments à activer ou d'énigmatiques décors à investir, leur esthétique en grisaille leur conférant un aspect simultanément romantique et inquiétant. Andrés Ramirez les définit lui-même comme le résultat d'un "déplacement d'une tension minimaliste vers un romantisme de la négative, une poétique de la dévastation et de la saturation". Une œuvre au noir, pour reprendre le titre de l'ouvrage de 1968 où Marguerite Yourcenar invente la vie de Zénon Ligre, humaniste ambigu de la Renaissance.

7. Gallien Déjean, catalogue du LVIᵉ Salon de Montrouge, Montrouge, 2011. Il poursuit : "Leurs publications résultent de la collision entre les formes de l'art minimal et la radicalité des systèmes symboliques confidentiels issus des cultures indus. Une abstraction pervertie par le surgissement d'un refoulé un peu morbide, comme un bruit imprévisible et lancinant."

Parmi les éléments de *Lost In Love* figurent notamment les tissages conçus aux Ateliers AS à partir d'images numériques et de collages réalisés en résidence. Imprimés sur différents textiles, ils sont disposés au sol ou viennent recouvrir les modules en contreplaqué. Ils dialoguent alors avec les surfaces peintes à la bombe dont ces derniers sont recouverts, créant une rencontre inattendue entre des effets chimiques de précipitation de matière, des rendus picturaux liés au hasard et à la rapidité d'un geste intuitif et non maîtrisé, et l'impression nette des tissés et leur processus industriel de fabrication. Parmi ces tissages, l'on trouve notamment un large panneau de brocatelle[8], un textile imitant le rendu du marbre, traditionnellement utilisé pour l'ameublement, de couleur cinabre – sang-de-dragon, comme aime à préciser l'artiste. Il y a imprimé des formes géométriques, issues d'un croisement entre le répertoire néoclassique, l'art minimal et son univers ésotérique. Volontairement, Andrés Ramirez manipule "des éléments qui ne peuvent pas forcément être reconnus afin de créer davantage une sensation qu'un sens spécifique". Les motifs utilisés ici fonctionnent bien sur ce principe : entre énigmes à déchiffrer et symboles ambigus. L'expression "Ameceiver Dethyst" semble une devise encodée, adressée à cet amour perdu – le déploiement dans l'espace de l'œuvre constituant alors un cadre magique destiné à sa remémoration. De même, la présence de logotypes plus ou moins abstraits ou cette étonnante radiographie de crâne, venant actualiser le thème de la vanité – à la manière dont l'anamorphose des *Ambassadeurs* d'Holbein (1533) vient perturber la lecture d'un tableau d'apparat –, sont en tension avec des éléments plus domestiques, plus décoratifs ou plus industriels. Des éléments sur lesquels l'artiste se joue d'altérations de couleurs, de matières et de moirures, expérimentées lors de l'impression des textiles.

Ensemble d'éléments autonomes aux multiples possibilités de composition, *Lost In Love* constitue un paysage de fragments à reconfigurer sans cesse, une synthèse énigmatique de différentes sources iconographiques superposées : de la soierie lyonnaise à la musique industrielle, de l'esthétique néoclassique à l'esprit romantique et à l'imagerie mathématique, de la fascination pour la machine à l'élégance décorative des tissus d'ameublement. Jardin de sculptures ésotérique ou scène de concert célébrant un amour passé, l'œuvre est chargée de sa logique interne, une logique simultanément absurde et séduisante, à l'image de cette phrase imprimée au revers d'un module : "Le cœur vu par sa face antérieure."

8. La majorité des tissages est réalisée dans un mélange de coton et de viscose, un textile brillant et soyeux retenu pour ses qualités de résistance et de maintien, lui permettant d'être fixé sur le contreplaqué.

Lost in Love

à la Holding Textile Hermès

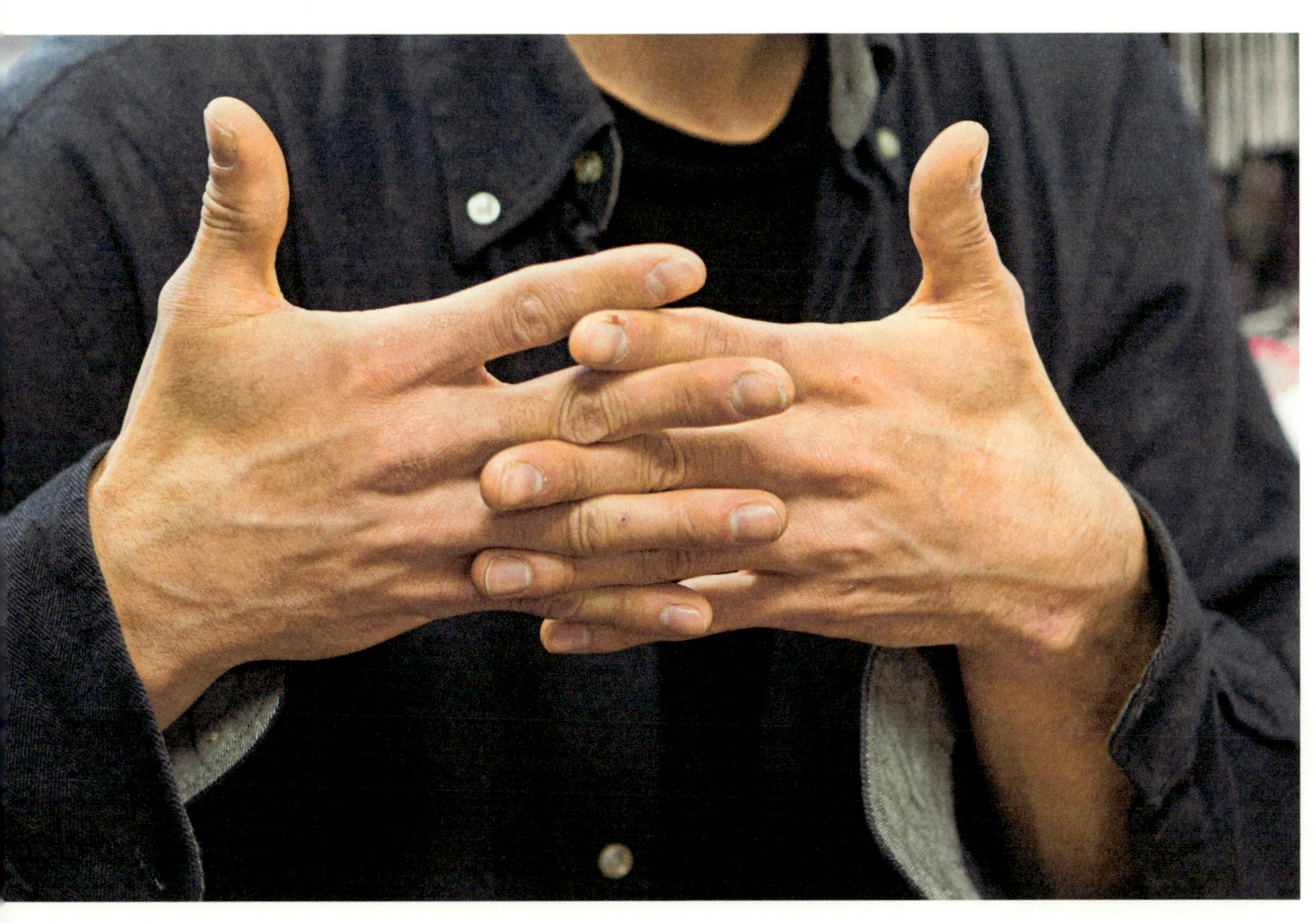

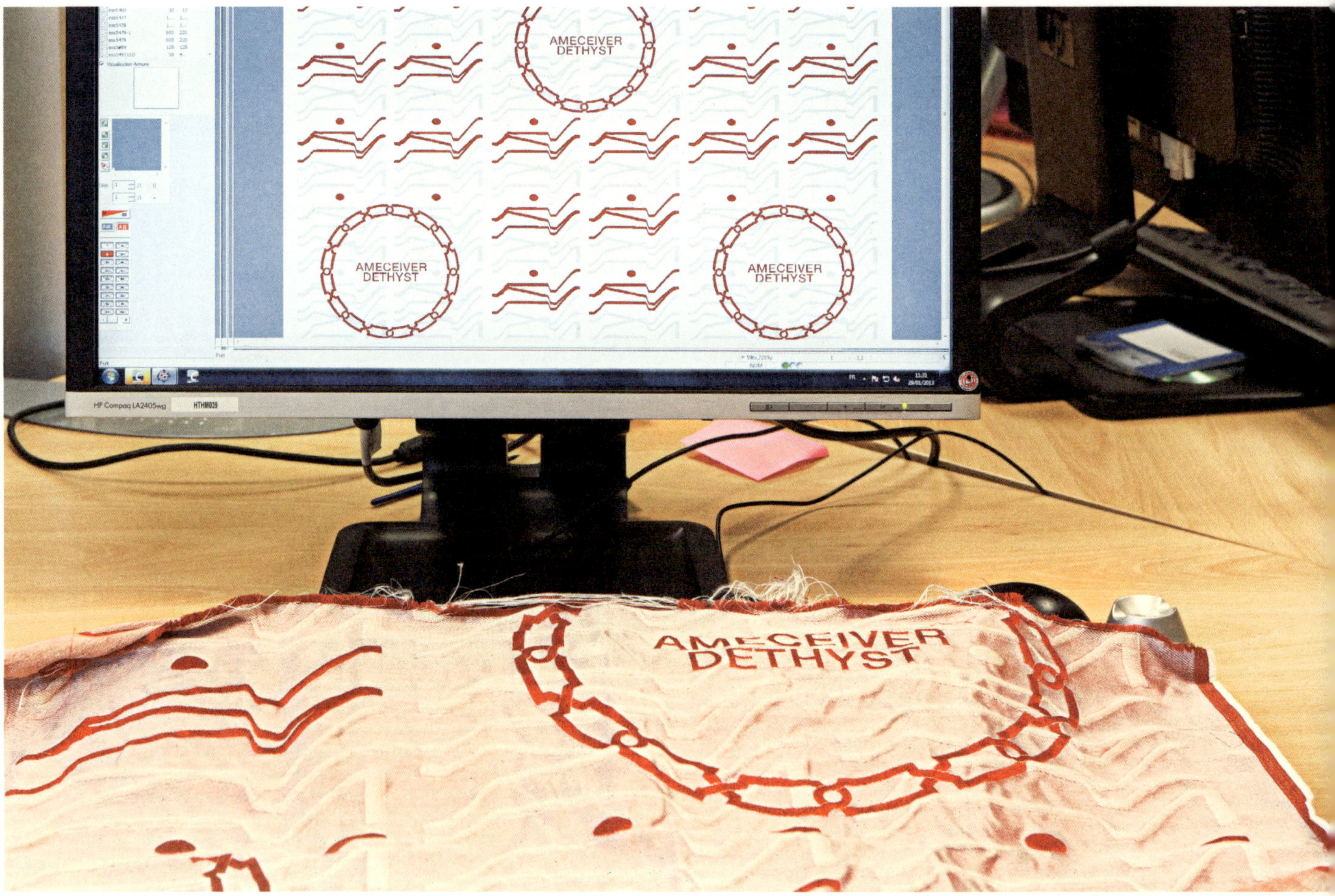

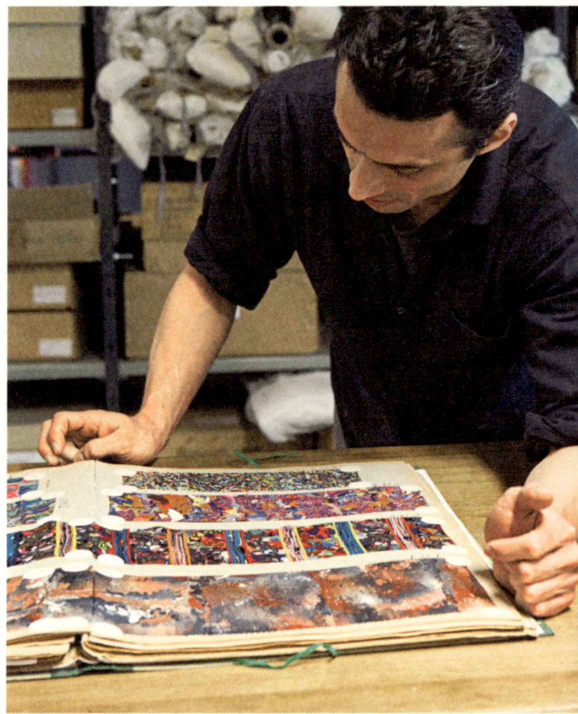

De haut en bas : Préparation du fichier final pour le tissage,
avec le soutien technique de Karine Rebout.
Consultation des archives de la société Bucol.
From top: Preparation of the final file for the weaving,
with technical support from Karine Rebout.
Studying the Bucol archives.

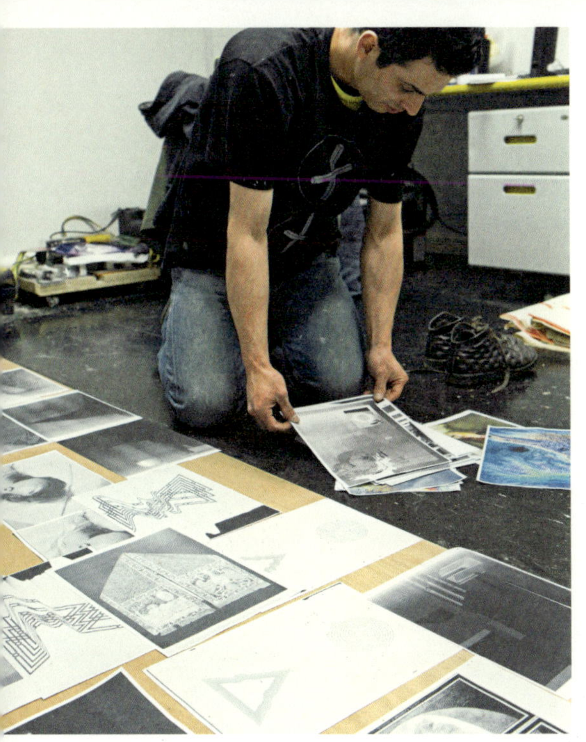

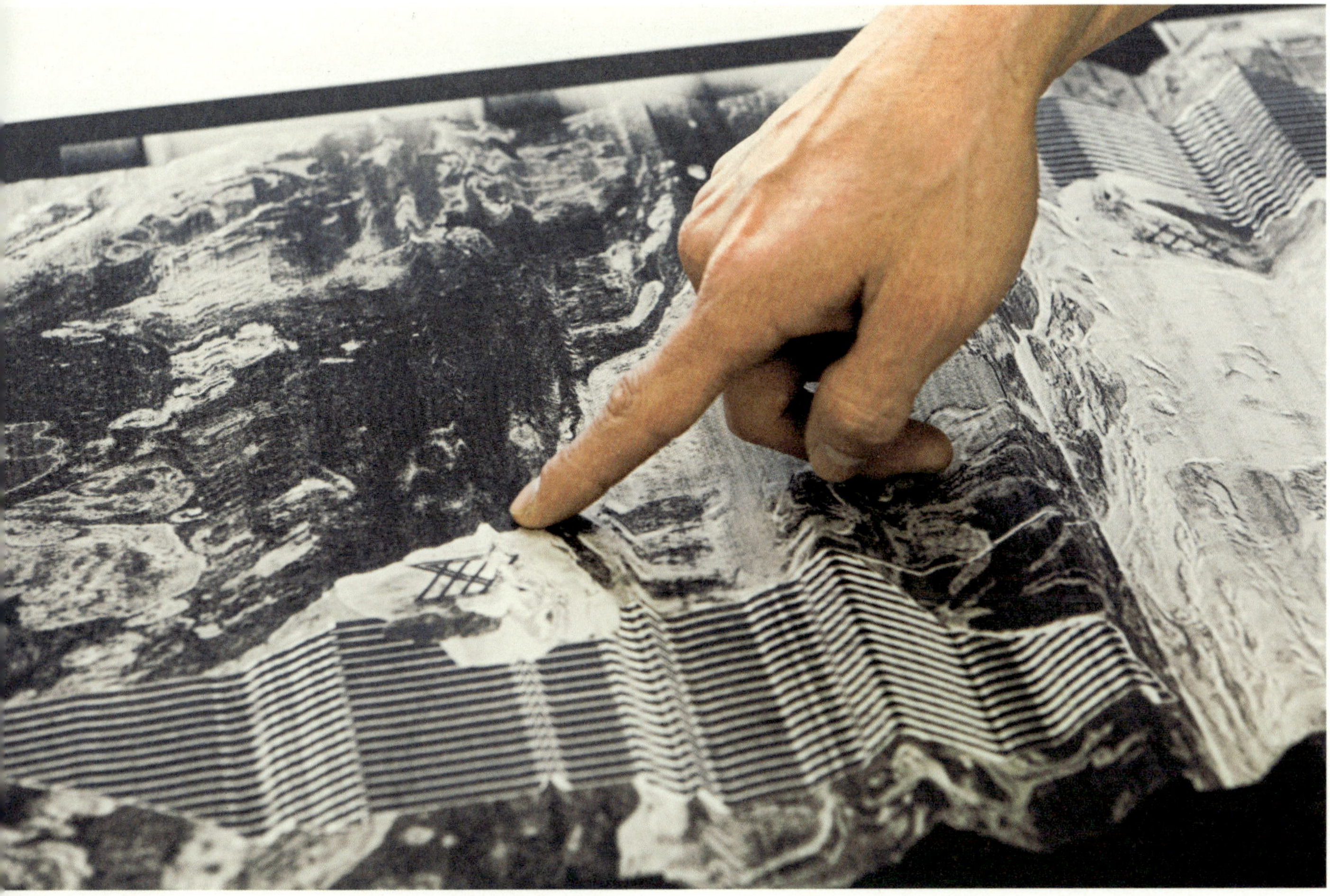

nstitution d'un corpus graphique de travail.
tail, impression au jet d'encre sur tissu.
m top: Assembling a corpus of working documents.
tail of an inkjet print on fabric.

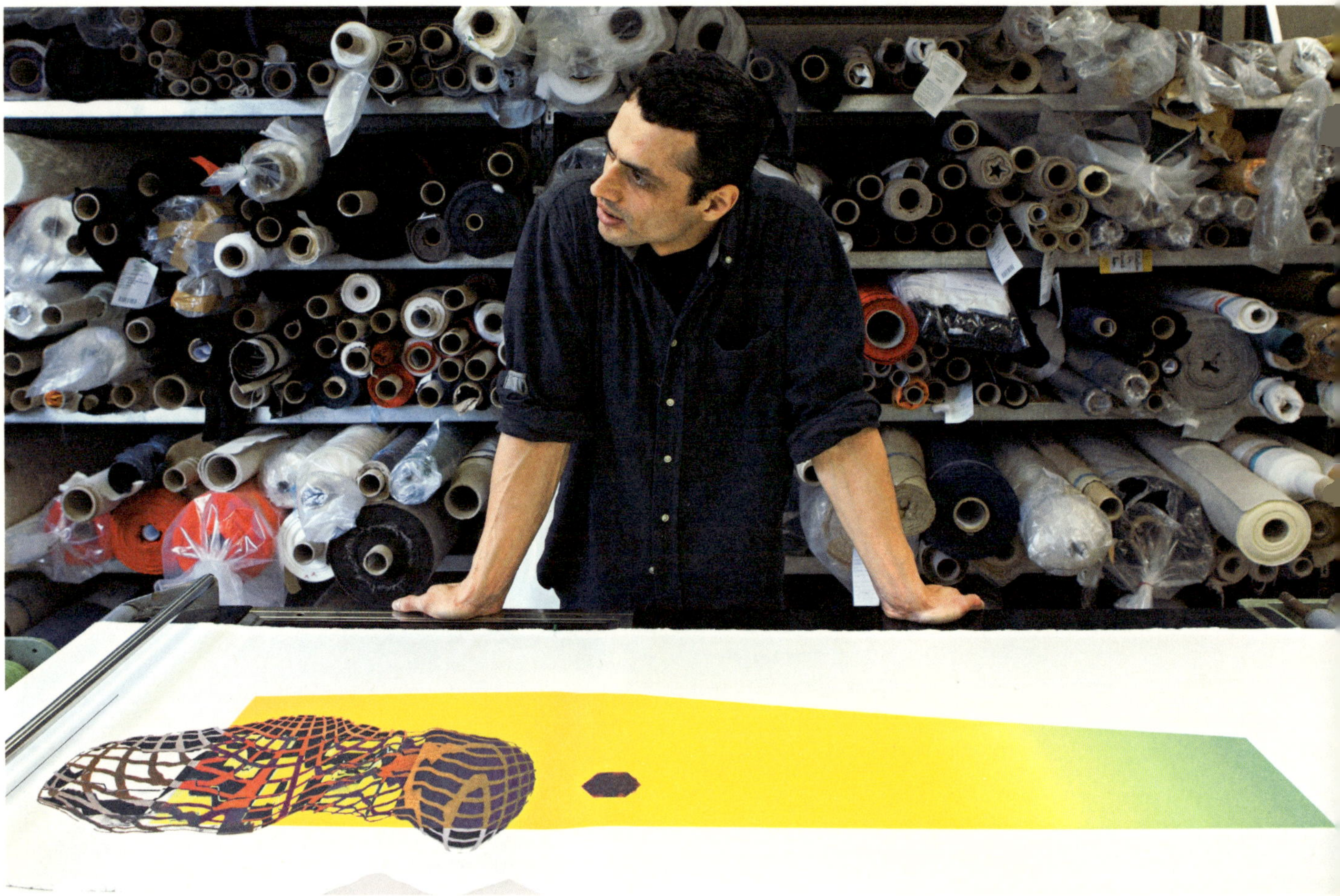

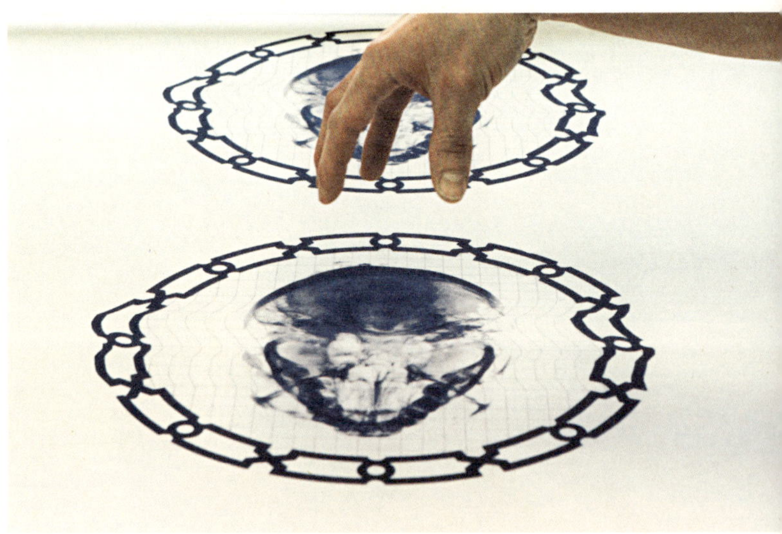

Première visite du travail réalisé en impression jet d'encre sur tissu aux ateliers de la Société d'impressi
sur étoffes du Grand Lemps (SIEGL), avec le soutien technique de Delphine Baya
First inspection of an inkjet print on fabric, made in the workshops of the Société d'Impressi
sur Étoffes du Grand Lemps (SIEGL), with technical support from Delphine Baya

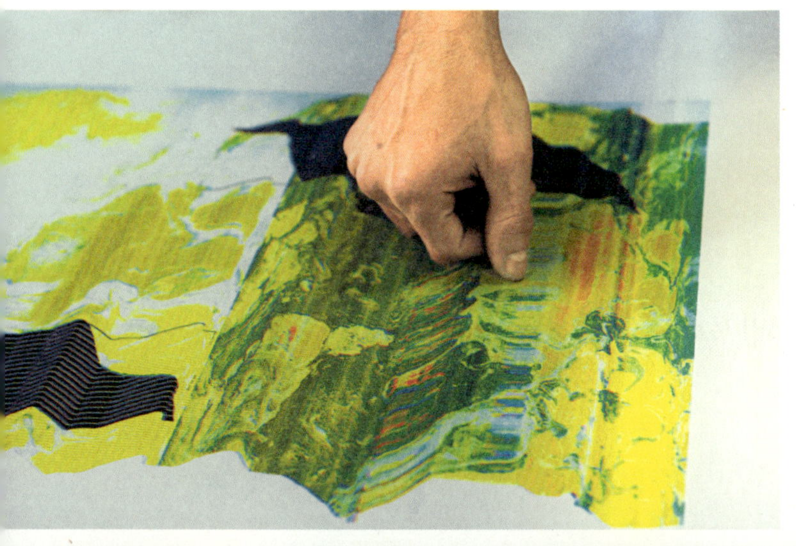

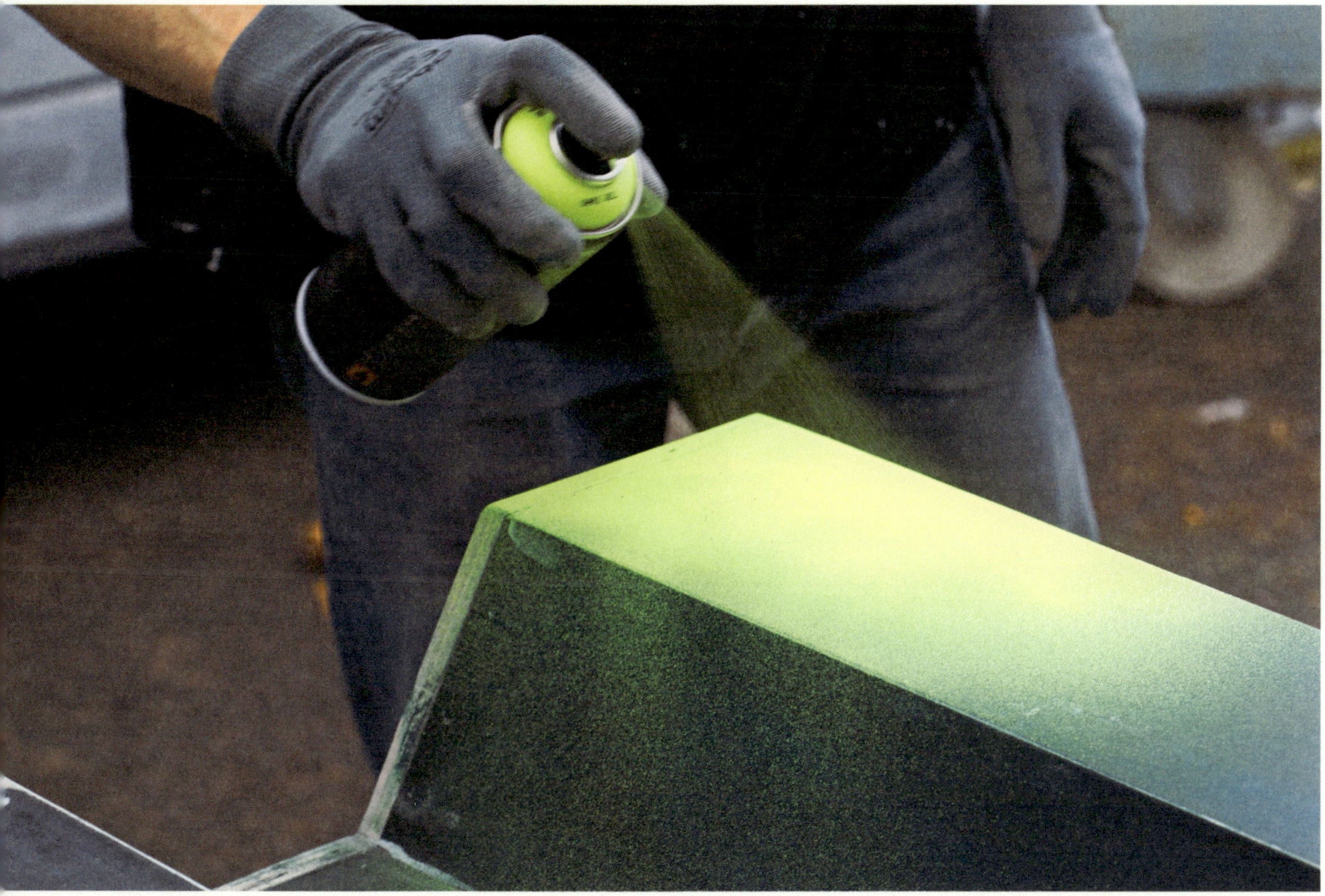

tail.
se en peinture.
tail.
plying paint.

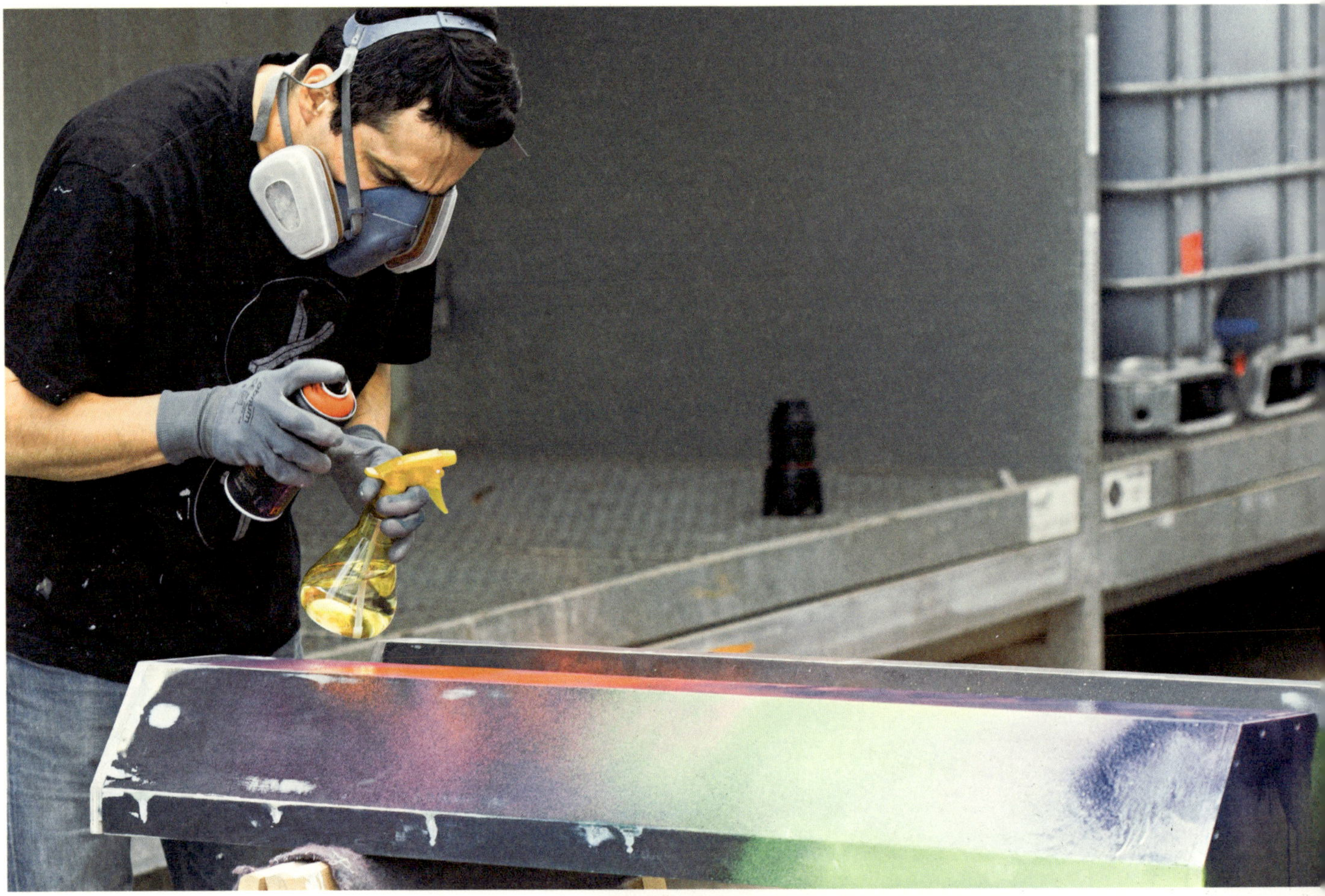

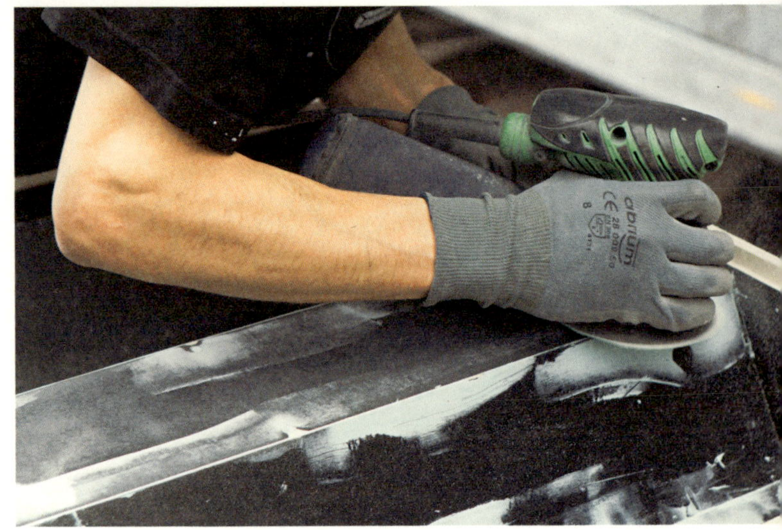

De haut en bas : Mise en peinture d'un élément modula
Page de droite : Vue d'ate
From top: Applying paint to a modular eleme
Right-hand page: View of the worksh

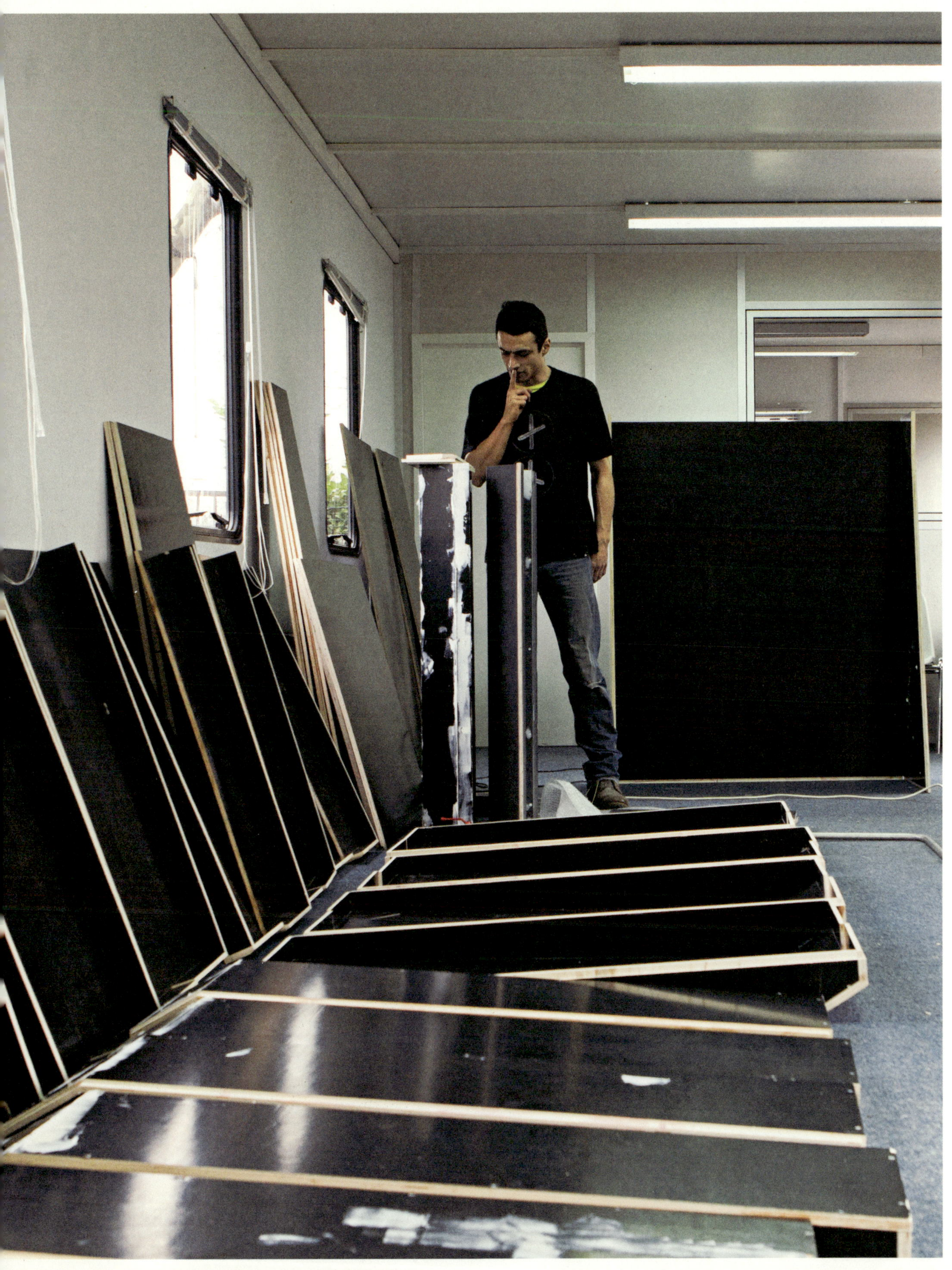

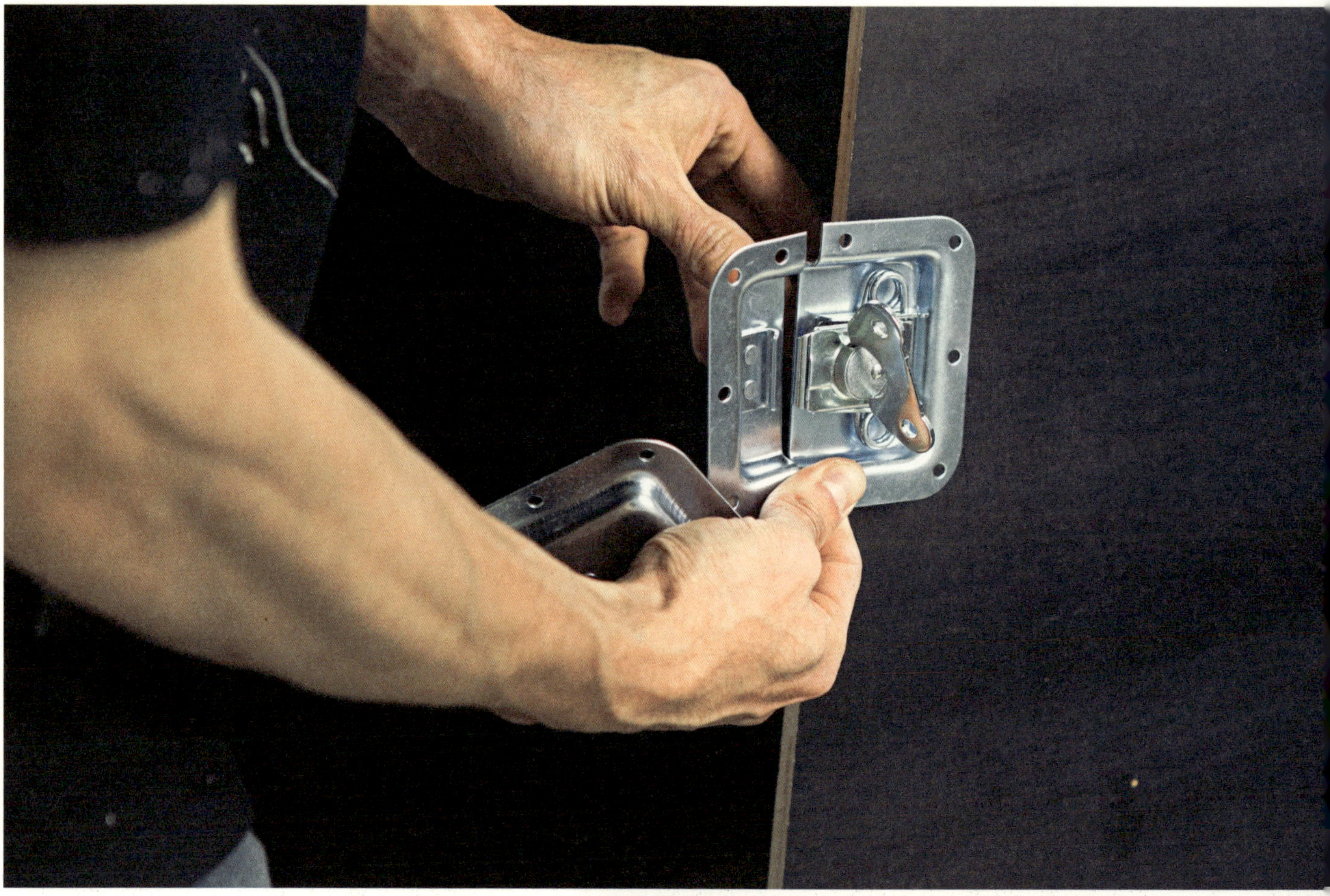

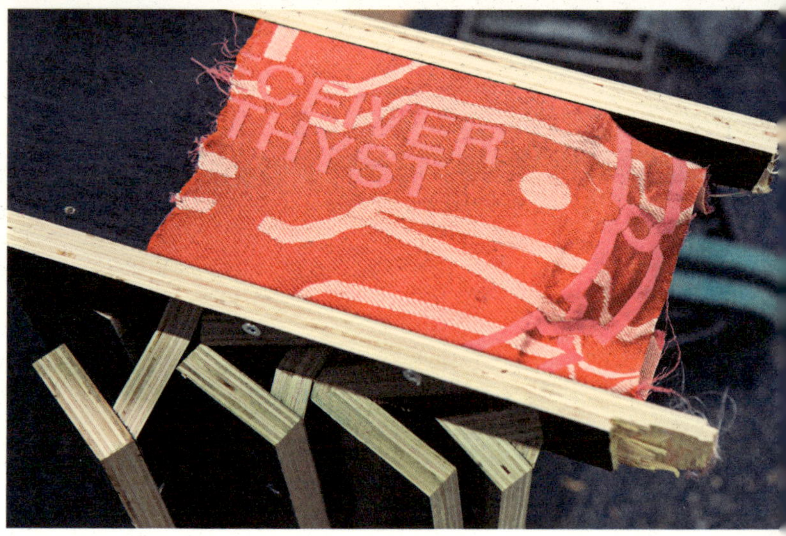

De haut en bas : Placement d'éléments de fermetu[re]
Test de contrecollage d'un tissage sur une surface en bo[is]
From top: Attaching the fastene[r]
Test: pasting fabric on to a wooden surfac[e]

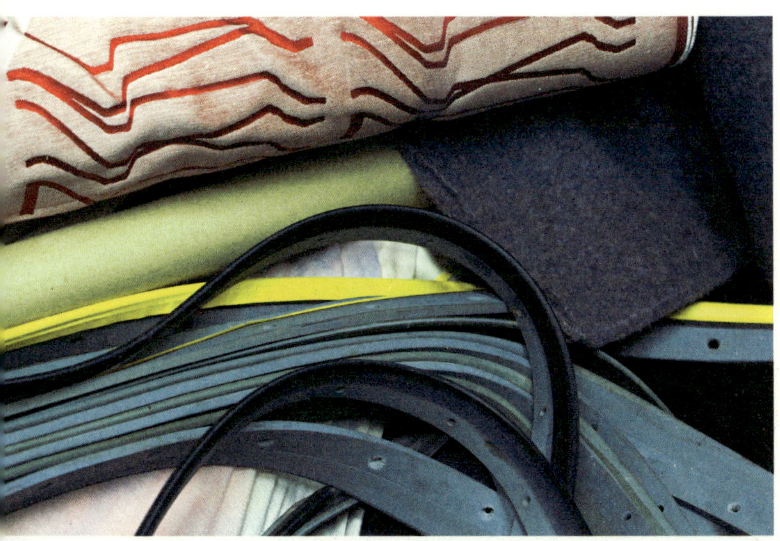

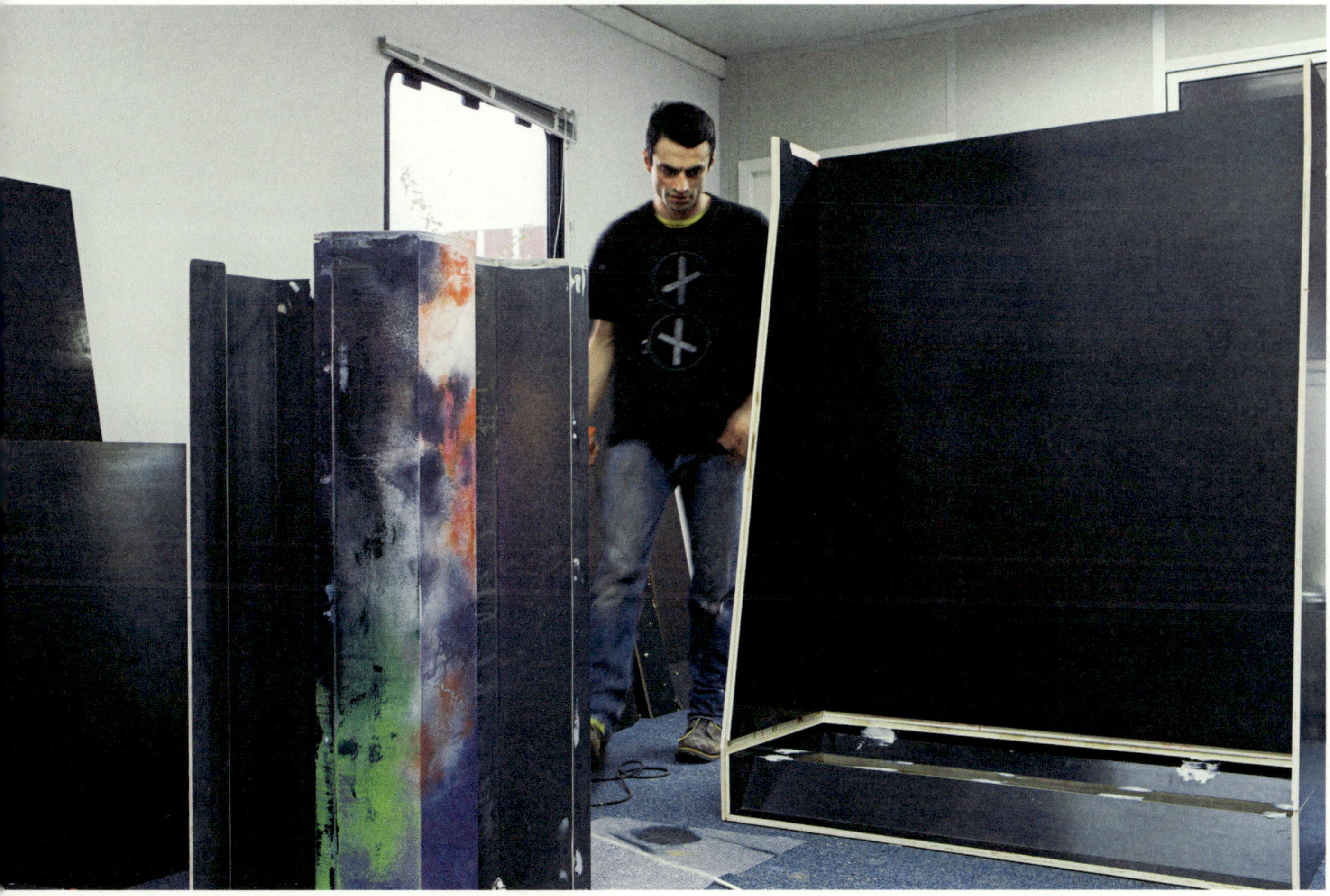

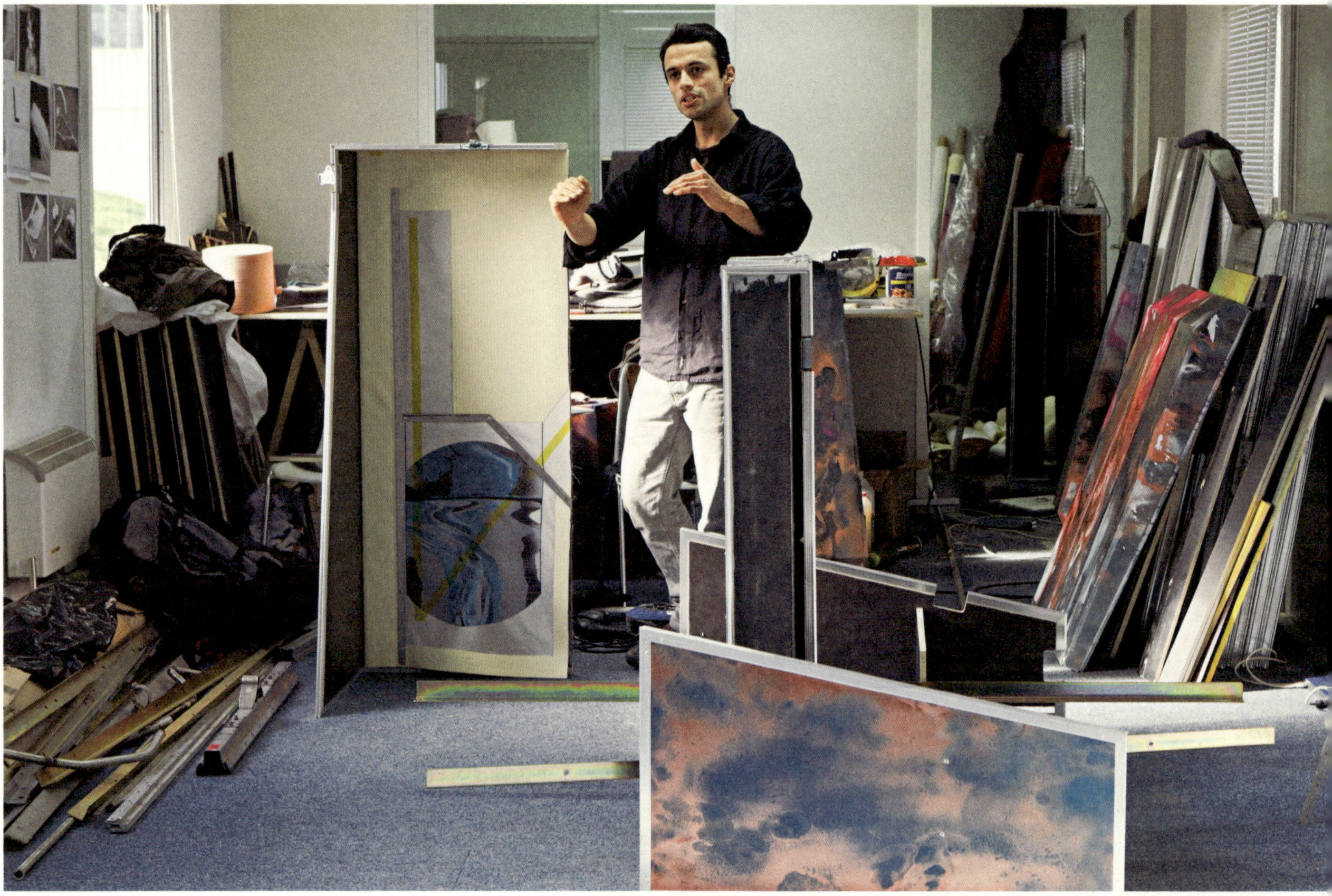

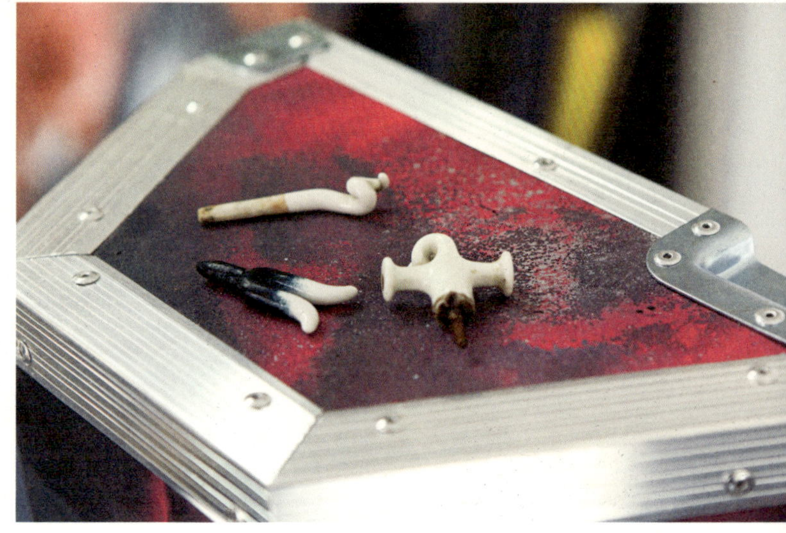

Page de droite et pages suivantes : Présentation finale du proj[et]
Right-hand page and following pages: The final presentation of the proje[ct]

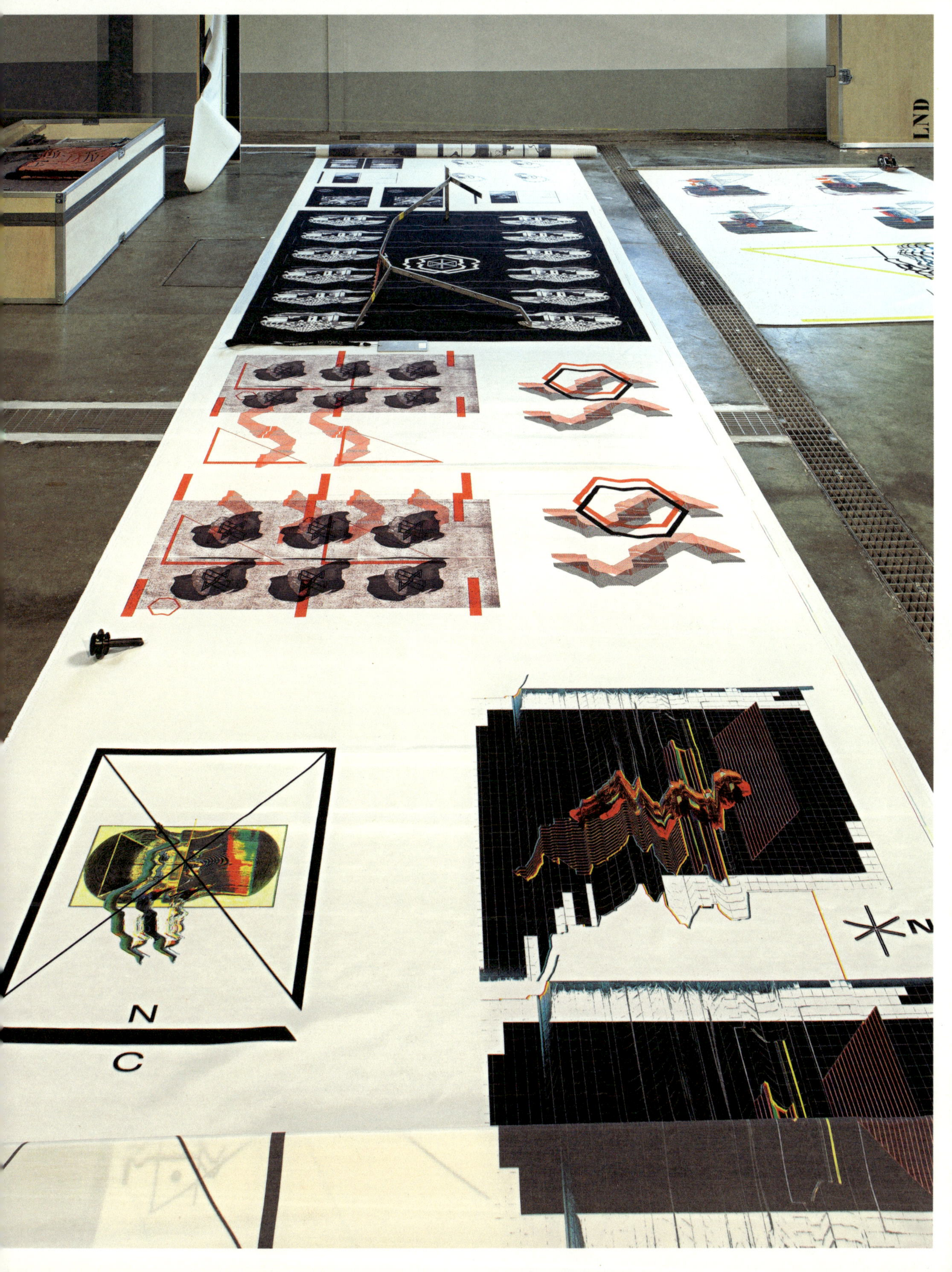
LND
N
C
N

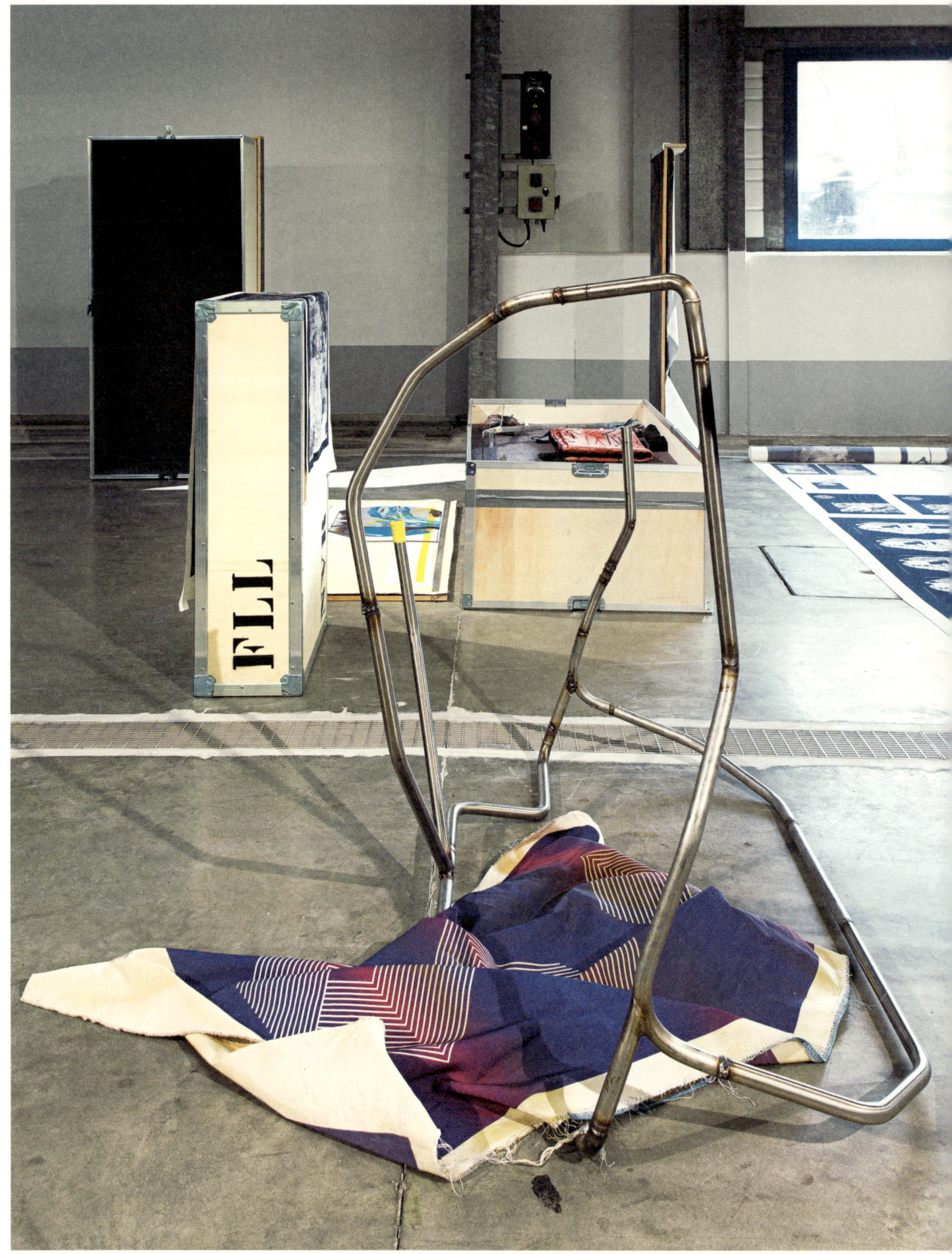
FLL

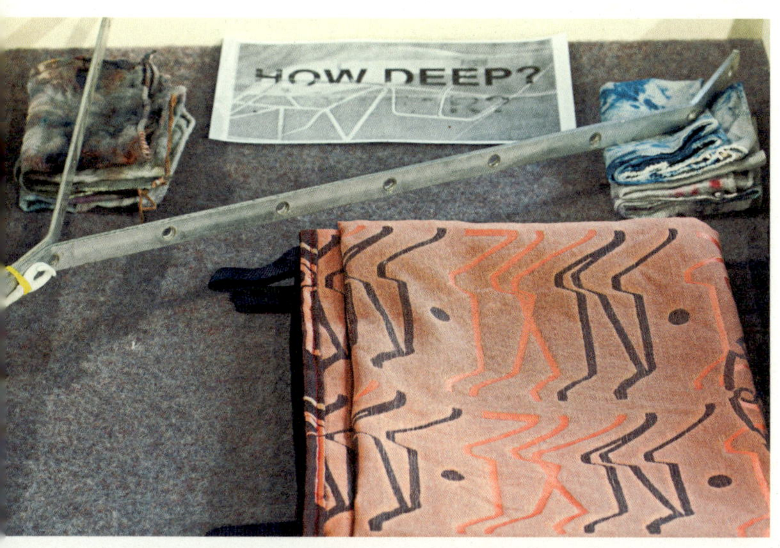
HOW DEEP?

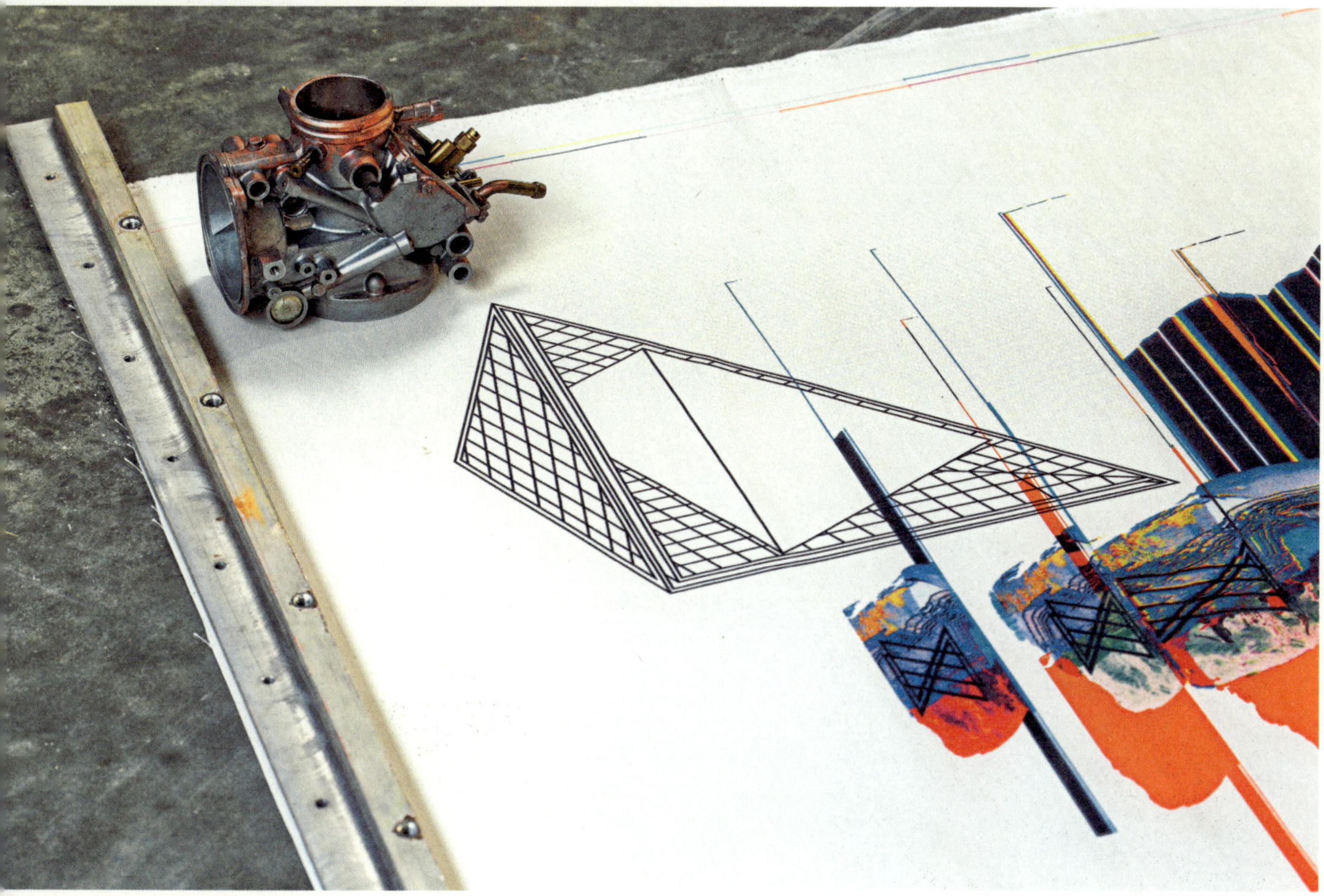

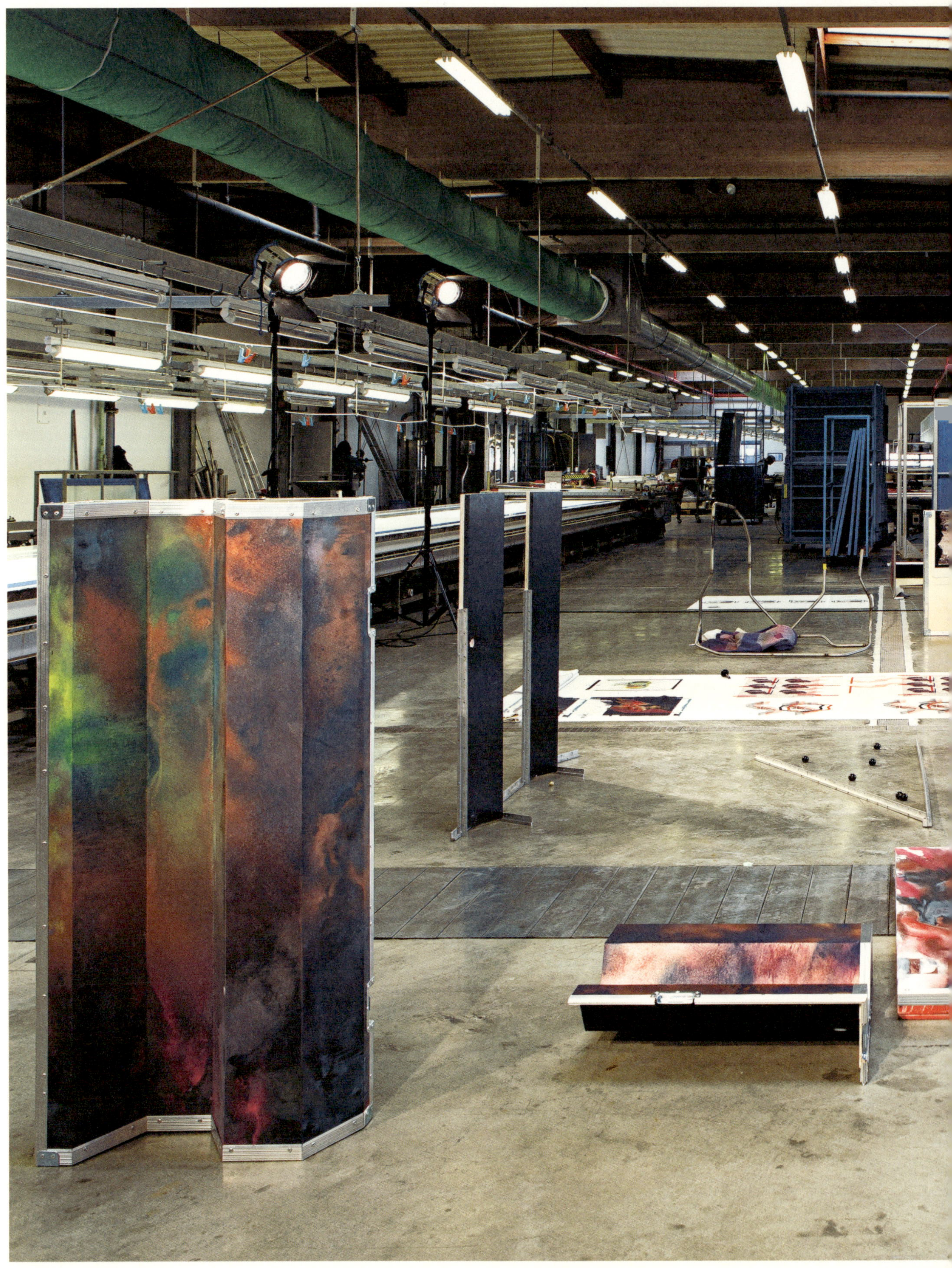

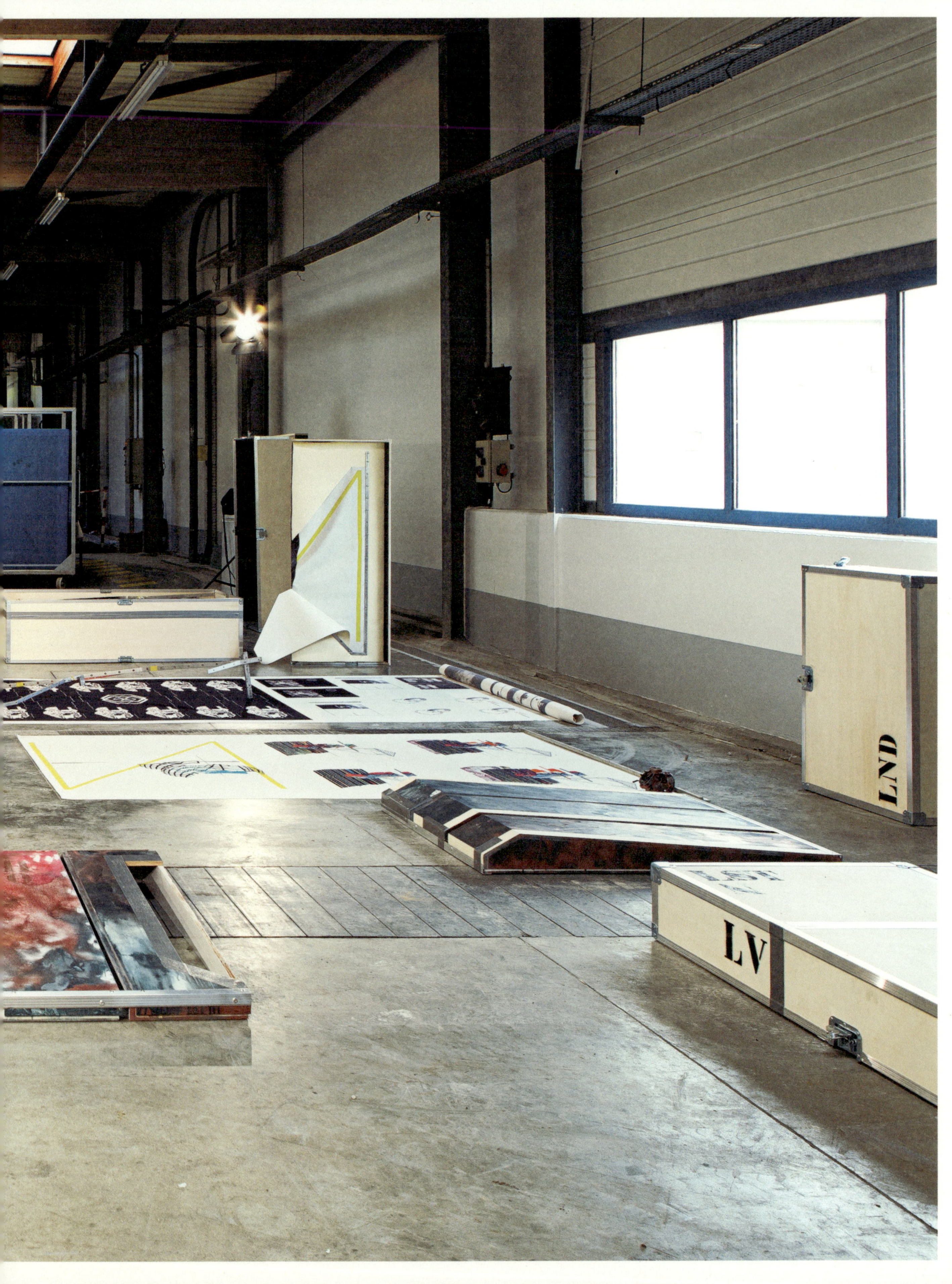

LND
LV

The Visual Enigmas
of a Love Story in Time Past

Clément Dirié

1. The Ateliers AS are the silk printing division of Holding Textile Hermès. They are located on the Pierre-Bénite site in Lyon, which is also home to a leatherworking factory and the Bucol silk works. Since the beginning of the residencies programme, Pierre-Bénite has also hosted Benoît Piéron (2010), Émilie Pitoiset (2011) and Gabriele Chiari (2013).

When he discovered the Ateliers AS in June 2012, Andrés Ramirez surely had no idea of the appearance the work he would soon be conceiving there would take on, nearly ten months later.[1] He first had to become acquainted with the world of textiles, with its savoir-faire and specificities, before then imagining how these might interact with his own world, a set of sculptures and graphic creations produced essentially by the active principle of hybridizing sources and forms. In March 2013, when the work was finished, he then found it difficult to say how it might be exhibited. Although its multiple components were all the result of long elaboration, *Lost in Love* remains a *latent* work, in that each activation is singular. The ways in which it is reproduced in this book certainly give no idea of its future exhibition. It is simply one of its possible deployments. In this respect, it is in keeping with the artist's corpus generally. He does not like to freeze things, preferring to leave the field of possibilities and combinations perpetually open. "My work is based on the hypothesis of an original heterogeneity and a structural plurality of works. It follows that the installations, sculptures and images that I organize do not directly answer a set of technical, aesthetic or conceptual questions, but occupy the intervals and sometimes the tensions between them. This approach allows for a certain degree of abstraction and anachronism and at the same time makes it possible to explore fragmentation, paradox, transversality and processes of alteration and saturation. The different mediums that I use are thus placed in a state of constant interaction and constitute complementary chains of elaboration and production."[2] For Andrés Ramirez, the period of research is just as important as the implementation phase, and the integration of the random just as present as formal choices. Action and sensation are just as crucial as result and meaning. By synthesizing his current concerns and his twofold reflection on volume and the graphic

2. Quotations without footnotes come from conversations with the author or unpublished writings by the artist.

sign, the work created at the Ateliers AS constitutes a new materialization of his perception of art as a laboratory in a state of constant redefinition.

Inspired by a travel kit kept at the Musée Émile Hermès in Paris, *Lost in Love* thus takes the form of a condensed work – an artistically altered flight case – that will be deployed in relation to the possibilities afforded by the specific exhibition space and to the artist's (affective, amorous?) state of mind. It contains a rich range of motifs, effects of material and texture, showing how Ramirez has integrated the characteristic and decorative lexicon of textiles into his visual vocabulary. With its romantic and melancholy title, *Lost in Love* becomes a narrative frame that we can fill with our own thoughts and imaginings, a response favoured by its enigmatic appearance and way of resisting the complete revelation of meanings.

Chosen by Emmanuel Saulnier to take part in the Hermès Foundation programme of artists' residencies,[3] Ramirez began his sojourn at Ateliers AS in June 2012. During this period of immersion he learnt about silk and textile work in a manufacture which specializes in the production of colours, the colouring of motifs and Lyonnais-style printing (using frames). He also put the period to use studying the archives of the Bucol silk works, founded in the 1920s and renowned for the richness of its collection of engravings and samples. For Ramirez, an artist fascinated by graphic expression,[4] whose work explores the uses and manipulations of the sign, these archives were bound to offer a fertile source of inspiration, enabling him to confront the contemporary iconography that he appreciates – notably the visuals of industrial and noise music[5] – with a more classical set of ornamental forms.

Very soon, in summer 2012, Ramirez decided to create an open work capable of integrating all the experiences and flashes of insight or inspiration occasioned by this residency, all the way up to the end in February 2013. *Lost in Love* therefore has an envelope and an appearance at rest that must be capable of housing content, a repertoire of forms to be put back into play at each new exhibition.[6] A contemporary version of the traveller's kit in Émile Hermès collection, *Lost in Love* is a "contemporary love set" in the form of a double flight case – as used on music tours – containing all the elements conceived by the artist. Inserted into a white protective case for transport,

3. With Félix Pinquier at the Maroquinerie de Belley, Oh You Kyeong at Puiforcat and Oliver Beer at Cristalleries Saint-Louis, Andrés Ramirez was chosen for the third edition (2012) of the Hermès Foundation artists' residencies, a programme initiated in 2010 in order to give young artists access to rare materials and specialist craft techniques. In its four years of existence, the programme has hosted sixteen artists. An exhibition documenting these residencies is being held at the Palais de Tokyo, Paris, in 2013.

4. The publication of fanzines within the Nox Factio Éditions structure, which he runs with Élise Vandewalle, constitutes an essential part of Ramirez's practice.

5. One of the iconographic sources manipulated by Ramirez is the visual universe of the *noise* scene and industrial music: vinyl record covers, clips, logos, the graphic identities of labels and groups, etc., all part of an arid black-and-white universe.

6. This rest/activation principle in the work recalls the approach of certain minimal and conceptual artists in crossover with performance, for example Franz Erhard Walter's *1. Werksatz* (First Work Set, 1963–69).

made in poplar wood and lined with felt and mounted on wheels, are some
fifteen panels in black plywood and a score of prints along with various other
elements of various sizes and types: aluminium tubes, small objects in steel
and porcelain, plastic beads, prints on paper, etc. Stored in their container,
these elements wait for the artist to deploy them and place them in relation to
one another, in keeping with associations that may vary with each exhibition,
or even during a given exhibition. Likewise, in keeping with his principle of
continuous evolution, the artist does not systematically install all the objects
in each activation: some of them remain on standby, like in a toolbox.
With each presentation, *Lost in Love* draws a landscape that is *non finito*
– to use Emmanuel Saulnier's expression – made up of heterogeneous
modules, a display device which recalls – and amplifies – the artist's earlier
works (*We Sacrifice our Future as we Sacrifice our Past*, 2011) and his system
for producing graphic images – veritable hybrids of forms and signifiers
designed to produce "abusive distortions of indeterminate significations and
spaces". Art critic Gallien Dejean observes: "The sculptures that he makes
[with Élise Vandewalle] are fragmentary assemblages, frozen ruins made up of
crude, sometimes worn materials. These are vaguely ritualistic, architectonic
interventions, the structures of which explore the relation between interiority
and exteriority in both material and psychological terms."[7] This is the case
with the work made for the Ateliers as it was for *Vulnerant Omnes (Sagittaire)*,
a sculpture from 2010 combining materials with different or even diverging
properties, or the works in the exhibition *Quiétus* (2011). All of these pieces
are deployed in space, like strange instruments to be activated or enigmatic
sets to be occupied, their grisaille aesthetic giving them a look that is at once
romantic and disturbing. Ramirez himself defines them as the result of a
"displacement of a minimalist tension towards a romanticism of the negative,
a poetics of devastation and saturation". A "black work", to quote the title
of the novel (*L'Oeuvre au noir/The Abyss*) in which Marguerite Yourcenar
invents the life of Zénon Ligne, an equivocal Renaissance humanist figure.

The elements making up *Lost in Love* include weaves conceived at Ateliers AS
based on digital images and collages made during the artist's residency.
Printed on different textiles, they are laid out on the ground or cover the
plywood modules. Here they dialogue with the latter's spray-painted surfaces
in a surprising encounter between chemical effects of precipitated material,

7. Gallien Dejean, catalogue of
the 56th Salon de Montrouge,
Montrouge, 2009. He continues:
"Their publications result
from the collision between
the forms of minimal art and
the radicalism of little-known
symbolic systems from
industrial culture: an abstraction
perverted by the return of a
rather morbid repressed, like an
unpredictable, piercing noise."

pictorial effects created at random and by the speed of intuitive, uncontrolled actions, and the clear-cut printing of the weaves and the industrial production process. Among these weaves is a large panel of brocatelle,[8] a textile imitating the effect of marble, traditionally used for furnishings. On its cinnabar colour – the artist insists on the term "dragon's blood" – he printed geometrical forms that merge neoclassical and minimal art and his own esoteric universe. Ramirez deliberately manipulates "elements that may not necessarily be recognized in order to create a sensation rather than a specific meaning". The motifs used here function on this principle: between enigmas to be deciphered and ambiguous symbols. Likewise, the expression "Ameceiver Dethyst" sound like a coded motto addressed to that lost love, as if its deployment in the space of the artwork constituted a magical setting in which it could be recalled. In the same way, the presence of more or less abstract logos and that astonishing X-ray of a skull – revisiting the vanitas theme rather as the anamorphosis in Holbein's *The Ambassadors* (1533) perturbs the reading of a ceremonial painting – exist in tension with more domestic, decorative or industrial elements, in which the artist plays on alterations of colour, material and moiré effects as experienced when printing textiles.

A set of autonomous elements affording multiple possibilities of composition, *Lost in Love* constitutes a landscape of fragments for endless reconfiguring, an enigmatic synthesis of different, superposed iconographic sources, from Lyon silk to industrial music, from the neoclassical aesthetic to the Romantic spirit and mathematical imagery, from the fascination with machines to the decorative elegance of furnishing fabrics. An esoteric sculpture garden or stage of a concert celebrating a past love, the work carries its own internal logic, a logic at once absurd and seductive, in the image of those words printed on the back of a module: "the heart seen from its anterior face."

8. Most of the weaves are done in a mixture of cotton and viscose, a shiny, silky textile chosen for its strength and ability to keep its shape, which means that it can be attached to plywood.

Une publication/Published by
Actes Sud/Fondation d'entreprise Hermès

FONDATION D'ENTREPRISE HERMÈS
Président/President : Pierre-Alexis Dumas
Directrice/Director : Catherine Tsékénis
Responsable éditorial/Editorial manager : Frédéric Hubin
Chef de projet résidences/Head of project : Clémence Miralles-Fraysse

ACTES SUD
Conception graphique/Graphic design : Raphaëlle Pinoncély
Correction/Copy editor : Aïté Bresson (français), Bronwyn Mahoney (anglais)
Traduction/Translation : Charles Penwarden
Fabrication/Production : Géraldine Lay

Texte/Text : Clément Dirié
Légendes du portfolio/Portfolio's captions : Andrés Ramirez
Photographies/Photographs : © Tadzio, 2013

Le DVD qui accompagne cet ouvrage vous est offert.
Il présente un film réalisé par Frédéric Fiol,
production exécutive No One, Jean-Paul Boucheny.

The complimentary DVD accompanying this book
presents a film directed by Frédéric Fiol and
produced by Jean-Paul Boucheny (No One Productions).

La Fondation d'entreprise Hermès remercie Andrés Ramirez
et son parrain Emmanuel Saulnier ainsi que les personnes ayant facilité
le bon déroulement de la résidence : Patrick Bonnefond, directeur général
de la Holding Textile Hermès, Valérie Crand, directeur général adjoint
en charge des Ressources humaines, Thierry Lanier, directeur,
Dominique Faijan, directeur des Ateliers AS, et toutes leurs équipes.

The Fondation d'entreprise Hermès would like to thank Andrés Ramirez,
his mentor Emmanuel Saulnier and everyone who contributed
to the smooth running of the residency: Patrick Bonnefond, General Manager
of Holding Textile Hermès, Valérie Crand, Vice General Manager
in charge of Human Resources, Thierry Lanier, Plant Director,
Dominique Faijan, Plant Director of Ateliers AS, and all their teams.

Ouvrage reproduit et achevé d'imprimer en 2013
par l'imprimerie EBS à Vérone
pour le compte des éditions Actes Sud
Le Méjan, place Nina-Berberova, 13200 Arles
Ce livre ne peut être vendu séparément.

Dépôt légal
1re édition : juin 2013
ISBN 978-2-330-01930-3

© Actes Sud/Fondation d'entreprise Hermès, 2013
www.actes-sud.fr
www.fondationdentreprisehermes.org